Leuchttürme Lexikon

Reinhard Scheiblich/Hans Helge Staack

Leuchttürme Lexikon

Edition Ellert & Richter

Inhalt

An der Ostseeküste Mecklenburg-Vorpommerns, in der Nähe des Seebades Kühlungsborn, steht der Leuchtturm Buk mit einer Feuerhöhe von 95 Metern. Sollten Sie die Region nicht kennen, suchen Sie nicht nach einem riesigen Bauwerk, denn der Leuchtturm ist nur 21 Meter hoch, steht aber auf einem Berg, von dem aus sich der schöne Ausblick über das Meer lohnt. Nun wird ein Leuchtturm aber nicht wegen eines schönen Standortes gebaut, sondern um es einmal abweichend von der gebräuchlichen Sprache im Seezeichenwesen zu formulieren, wegen seines markanten Anblickes. Zum einen soll er eine weit sichtbare Tagesmarke sein, zum anderen weist sein warnendes Licht in der Nacht den auf See befindlichen Fahrzeugen den Weg.

Enzyklopädisch werden diese auffälligen Seezeichen wie folgt umschrieben: „Leuchtturm: an Land, auf einer Klippe, einer künstlichen Insel oder im freien Wasser stehender Turm aus Schütt- oder Spannbeton, Stahl- oder Leichtmetallkonstruktion. Im 19. Jahrhundert oft ein Ziegelsteinbau."

Leuchttürme sind aber stets mehr als nur technische Einrichtungen: Sie übten und üben eine besondere Faszination als Symbole für Weite und Freiheit, aber auch für Sicherheit und Beständigkeit aus. Leuchttürme setzen Akzente und fügen sich doch harmonisch in die Natur ein. Sie werden überwiegend an der Grenze zwischen Land und Meer errichtet und haben die Aufgabe, Menschen und ihren Schiffen ihren Weg bei gutem, aber vor allem bei schlechtem Wetter zu weisen. Sie sind stumme Zeugen der Natur und der Zeit und haben mancherorts selbst Spuren hinterlassen. Einige von ihnen, wie etwa der Leuchtturm Westerheversand auf der Halbinsel Eiderstedt, oder der kleine rot-gelb gestreifte Turm bei Pilsum, gehören zu den bekanntesten Bauwerken Deutschlands. Sogar weltberühmt ist der Leuchtturm Roter Sand geworden, der seit 1885 in der Wesermündung steht. Leuchttürme symbolisieren auch die wirtschaftlichen und politischen Interessen einer Stadt, einer Region oder eines Landes.

Schon im Altertum errichtete der Mensch Leuchttürme, um den Schiffern in mondlosen Nächten einen sicheren Weg in die Häfen zu zeigen. Der Leuchtturm (Pharos) von Alexandria, 279 v. Chr. vollendet, zählt zu den sieben Weltwundern der Antike. Viele Leuchtturmbauten an der deutschen Nord- und Ostseeküste stammen allerding erst aus dem 19. oder frühen 20. Jahrhundert. Ziel war es, an der gesamten Küste sich überdeckende Feuerkreise zu

schaffen, um Schiffe von Leuchtfeuer zu Leuchtfeuer zu leiten. Durch die genau ausgeklügelte Anordnung der Leuchtfeuer sollten die Schiffe rechtzeitig vor Gefahren und Untiefen gewarnt werden. Um Verwechslungen mit dem benachbarten Feuer auszuschließen, wurde den Leuchtfeuern eine unterschiedliche und unterscheidbare Kennung gegeben, was nichts anderes bedeutet, als daß das Auf- und Abblinken des Feuers nach einem genau festgelegten Rhythmus erfolgt.
Seit geraumer Zeit hat in den Leuchttürmen die Automatisierung Einzug gehalten, Leuchtturmwärter gehören der Vergangenheit an. Ihrem Berufsstand haftete etwas Romantisches an, das mit der Realität nur sehr selten etwas zu tun hatte. In unserer Zeit sind Leuchttürme in automatisch funktionierende elektronische Verkehrssicherungssysteme integriert.
Dieses Buch ist kein Nachschlagewerk für den Seezeichen-Experten. Es ist geschrieben für den Freund maritimer Nostalgie, den Technik- und Geschichtsinteressierten, den Strandgänger, der plötzlich vor einem dieser schönen Bauten steht und sich der Faszination „Leuchtturm“ nicht entziehen kann. Diesem will das Buch schnelle Information an die Hand geben. Daher ist der Band lexikalisch aufgebaut. Wir erinnern aber auch an die legendären bemannten Feuerschiffe und versäumen nicht, Ihnen ein UFS zu erklären. Weitestgehend haben die Autoren auf Angaben über die Kennung der Leuchttürme verzichtet, da diese von den Wasser- und Schiffahrtsämtern verändert werden können. Für Nautiker stehen durch das Bundesamt für Seeschiffahrt und Hydrographie, Hamburg/Rostock Leuchtfeuerverzeichnisse mit den aktuellen Angaben zur Verfügung.
Wie populär Leuchttürme geworden sind, zeigt sich besonders auf der Insel Rügen am Kap Arkona: Vor ein paar Jahren traf einer der Autoren auf der Insel den letzten Leuchtfeuerwärter vom Kap Arkona. „Zum Kap fahre ich nicht mehr, da sind mir jetzt zu viele Leute“, resümierte er. Fahren Sie einmal im Winter hin, wenn eisiger Wind über die Felder weht, der große Leuchtturm fast in die Wolken ragt und nur ein paar Krähen auf dem Wall der alten Tempelburg mit ihren Flügeln schlagen. Dann scheint sich die Zeit aufzulösen und dieser Ort, wie alle Orte, die einen Leuchtturm beherbergen, etwas ganz Besonderes auszustrahlen.

Reinhard Scheiblich
Hans Helge Staack

Alarmglocke Nach der Elektrifizierung eines Leuchtturms oder bei einem Leuchtturm, der von Anbeginn an elektrisch betrieben wurde, waren Nachtschichten durch die → *Leuchtfeuerwärter* zur Kontrolle des → *Leuchtfeuers* nicht mehr erforderlich. Bei einem Defekt wurde der Schlaf eines Leuchtfeuerwärters durch Alarmglocken unterbrochen.

Alte Weser Mitten im Meer und in Sichtweite des weltberühmten Leuchtturms → *Roter Sand* ragt seit 1964 der Leuchtturm Alte Weser aus dem Wasser. Sein Name bezieht sich auf den Standort an der Mündungsrinne Alte Weser. Obwohl das Bauwerk einmal Motiv für eine 20-Pfennig-Briefmarke der Deutschen Bundespost in der Serie „Industrie und Technik" war, erreichte der Turm nie den Bekanntheitsgrad seines Nachbarn. Die Geschichte beider Türme ist eng miteinander verbunden und beginnt 1885 mit der Vollendung des Leuchtturms Roter Sand. 80 Jahre erfüllte dieser seine maritimen Aufgaben, doch die zerstörerischen Kräfte der → *Nordsee* nagten an ihm. Auch die Fahrrinne hatte sich verlagert, so daß auf einer anderen Position ein neues → *Leuchtfeuer* erforderlich wurde. Der erste Versuch, den Leuchtturm Alte Weser 1961 im 12 Meter tiefen Wasser aufzustellen, mißlang. Zwei Menschen kamen ums Leben, als der Turmschaft unkontrolliert absackte. Von 1962 bis 1963 wurde wieder an dem Turm gearbeitet, dieses Mal knickte eine Montageplattform ab, zum Glück ohne ernsthaften Schaden anzurichten. Im Gegensatz zum Leuchtturm Roter Sand ist der Turmschaft relativ dünn gehalten, um der Strömung und treibendem Eis möglichst wenig Angriffsfläche zu bieten. Dafür ist auf den ausladenden Obergeschossen ausreichend Platz für Menschen und Technik. Der Leuchtturm Alte Weser ist seit dem 1. September 1964 in Betrieb und löste den Leuchtturm Roter Sand ab. Zuerst versahen vier → *Leuchtfeuerwärter* in 14tägigem Wechsel ihren Dienst, bis das Leuchtfeuer 1972 automatisiert wurde. Bei mittlerem Hochwasser ragt das Bauwerk 38 Meter aus dem Meer. Die → *Feuerhöhe* beträgt bei mittlerem Hochwasser 36 Meter.

Altenbruch, alter Turm Das → *Unterfeuer* Altenbruch an der → *Elbe* steht an der inneren Deichböschung, in der Nähe der gleichnamigen Ortschaft, und bildete zusammen mit dem nicht mehr vorhandenen → *Oberfeuer* Osterende-Groden eine Richtlinie elb-

Innenansicht des Leuchtturms Altenbruch nach der Instandsetzung 1999. Gut zu erkennen die Lichtquelle, Gürteloptik, Justiervorrichtung, Farbscheiben und die Otterblenden

Leuchtturm Alte Weser, das Bauwerk in der Wesermündung löste den Leuchtturm Roter Sand ab. Bei mittlerem Hochwasser ragt der rote Turm 38 Meter aus dem Wasser. Das maritime Bauwerk war einmal Motiv auf einer Briefmarke der Deutschen Bundespost.

Der Leuchtturm Altenbruch (links) ist 1897 erbaut worden. Über der Deichkante mißt der Turm 12 Meter. Die Aufnahme stammt aus seiner Betriebszeit. Am 1. März 1983 ist der Leuchtturm stillgelegt worden.

aufwärts. Das → *Feuer* Altenbruch ist nicht mehr in Betrieb, aber der Turm wurde restauriert, steht unter Denkmalschutz und ist voll funktionsfähig. Der weiße runde eiserne Turm trägt auf der runden Geländerplattform eine schwarze runde → *Laterne* mit schwarzem kegelförmigem Dach. Von 1917 bis 1918 wurde der Turm wegen Fahrwasserveränderung versetzt, bekam eine größere Laterne und eine neue Leuchtfeuereinrichtung. Der Turm zeigte verschiedene → *Sektoren* mit unterschiedlichen → *Kennungen* mit Hilfe von → *Otterblenden,* die durch einen → *Quecksilbermotor* angetrieben wurden. Auch ein roter und grüner Sektor waren vorhanden. Der Turm kann besichtigt werden. Erbaut wurde er 1897 und am 25. November 1897 gezündet. Höhe des Turms: 13 Meter, → *Feuerhöhe:* 14 Meter.

Amrum In einer Hamburger Zeitung erscheint 1868 ein Artikel über den Verlust von drei Schiffen bei Amrum und → *Sylt.* Der Beitrag löst einen heftigen und kuriosen Expertenstreit darüber aus, wo nun in der Region ein Leuchtturm gebaut werden soll. 1872 wird die Entscheidung gefällt, auf der Insel Amrum einen Leuchtturm zu errichten und parallel dazu, vor der Untiefe Amrumbank, ein → *Feuerschiff* auszulegen. Auch der Bau des Leuchtturms auf einer 25 Meter hohen Düne verursacht Schwierigkeiten. Bereits nach fünf Wochen ruht die Arbeit, da die Granitsteine für die → *Wendeltreppe* fehlen. Kaum sind die Steine eingetroffen, wird gestreikt, und schließlich weigern sich weitere Arbeiter, die „öde“ Insel zu betreten. Mit den verbliebenen Arbeitern und einigen Ersatzleuten gelingt es, den Ziegelsteinbau bis zum November 1874 fertigzustellen und die große → *Fresnel-Linse* mit einer fünfdochtigen → *Argand-Lampe* zu installieren. Für drei → *Leuchtfeuerwärter* entstand unterhalb der Düne ein Wohnhaus. Offiziell wurde der 42 Meter hohe Turm am 1. Januar 1875 kurz vor Sonnenuntergang gezündet. Seine → *Feuerhöhe* beträgt 63 Meter und zeigt heute ein → *Blitzfeuer.* 1936 wurde das → *Leuchtfeuer* elektrifiziert. Seinen karminroten Anstrich und die beiden weißen Streifen erhielt der Turm erst 1952. Der letzte Leuchtfeuerwärter verließ 1984 den Turm, seitdem wird das Leuchtfeuer elektronisch überwacht. An windarmen Tagen ist der Leuchtturm Amrum für Besucher geöffnet. Bis zur Aussichtsgalerie sind es 297 Stufen, die sich um einen von oben bis unten durchgehenden Schacht für das ehemalige → *Zuggewicht* winden. Bei Norddorf steht in den Dünen noch ein kleiner, 8 Meter hoher Eisenturm. Das → *Quermarkenfeuer* wurde 1906 errichtet. In Wittdün, am Südostende der Insel, befand sich bis zu seinem Abriß 1974 ein Kurhaus, aus dessen schrägem Dachbodenfenster ein Leuchtfeuer schien. Der erste praktische Versuch, → *Xenon-Hochdrucklampen* für Leuchtfeuer einzusetzen, wurde 1960 von jenem Gebäude unternommen. Der rote Aluminiumturm neben der Promenade in Wittdün war nur von 1977 bis 1988 in Betrieb.

Antike → *Pharos von Alexandria* → *Koloß von Rhodos*, → *Torre de Hercules*

Argand-Lampe Die von dem französischen Physiker Aimé Argand (1755 bis 1803) entwickelte Lampe ist nichts anderes als eine allseits bekannte Petroleumlampe mit Hohldocht im Glaszylinder. Die entscheidende Verbesserung der Lichtverstärkung wurde durch die doppelte Luftzufuhr am Docht erreicht. Die Flamme brennt dann heller, gleichmäßiger und rußfreier. 1784 ließ Argand seine Erfindung registrieren. Argand-Lampen mit zwei, fünf oder gar sieben Dochtringen wurden früher auf Leuchttürmen eingesetzt.

Arkona, alter Turm Es gibt an der deutschen Ostseeküste keinen zweiten Ort, an dem sich die Grenze zwischen Land und Meer so spektakulär zeigt wie am Kap Arkona, das durch zwei Leuchttürme markiert wird. Für viele Seeleute ist das Kap Arkona aber auch ein Synonym für Gefahr und Sicherheit zugleich geworden: ein gefährlicher Punkt auf ihren Reisen mit einem verläßlichen → *Leuchtfeuer* am Horizont. Allerdings brannte das erste Leuchtfeuer auf der Insel → *Rügen* nicht am Kap. Rügen stand von 1648 bis 1815 unter schwedischer Herrschaft. Im 17. Jahrhundert richtete das skandinavische Königreich eine Seepostlinie zwischen Ystad und Stralsund ein. Wenn der Wind oder die im Winter zugefrorene Wasserfläche eine Passage um die Insel nicht zuließen, endete die Seepostfahrt auf der zu Rügen gehörenden Halbinsel Bug. Dort stand an einem 1684 erbauten Posthaus eine Leuchte und wies Schiffen den Weg zum Anleger. 1815 bekam die Region einen neuen Landesherrn. Preußen förderte von nun an den Handel und die Seeschiffahrt. Doch zwischen → *Travemünde* und der Danziger Bucht wiesen in den Nächten nur wenige → *Feuer* Seglern den Weg, und viele Fahrten endeten mit Schiffbruch. Am 28. Februar

1817 erhielt der Königlich Preußische Erste Landvermesser, Joachim Quistorp, den Auftrag, Standorte zur Errichtung von Seeleuchten im Verwaltungsbezirk Stralsund vorzuschlagen. Der königlich preußischen Regierung zu Stralsund empfahl er, Leuchttürme am → *Darßer Ort,* auf dem Kap Arkona und auf der Insel → *Greifswalder Oie* zu errichten. Die preußische Regierung entschied sich daraufhin, den ersten Leuchtturm auf der Insel Rügen am Kap Arkona zu bauen. Der Entwurf von Landbaumeister Boy orientierte sich an den Leuchtturmbauten von Travemünde, Pillau und Memel, doch der königlichen Regierung zu Stralsund wurde das Projekt zu teuer, und der Baubeginn verzögerte sich immer wieder. Der Oberbauinspektor Michaelis aus Stralsund legte im September 1825 einen veränderten Bauplan vor. Auch dieser Vorschlag fiel dem Rotstift zum Opfer und wurde in Berlin modifiziert, vielleicht sogar neu ausgearbeitet. Der in Neuruppin geborene Karl Friedrich → *Schinkel* (1781 bis 1841) hatte mit seinen architektonischen Entwürfen großen Erfolg und stieg bis zum Leiter der staatlichen Baubehörde für ganz Preußen auf. Allerdings ist der Name des berühmten Architekten im Zusammenhang mit dem Leuchtturmbau auf dem Kap Arkona in alten Akten nicht dokumentiert; nur eine Zeichnung vom Leuchtturm trägt seine Signatur. Die feierliche Grundsteinlegung des imposanten Bauwerks mit quadratischem Turm, drei Geschossen und einem Keller fand am 5. Mai 1826 statt. Bis zur Plattform, auf der die → *Laterne* steht, mißt der Turm 21 Meter. Er steht auf einem starken Granitsteinsockel und ist aus Ziegelsteinen im Kreuzverband errichtet. Die Wandflächen der einzelnen Geschosse sind mit Blendnischen versehen, die als Fenster oder Blindfenster gestaltet sind. Am 1. Januar 1828 nahm der vierkantige Leuchtturm aus seiner 23eckigen Laterne, die von 17 → *Parabolscheinwerfern* mit jeweils einer → *Argand-Lampe* im → *Brennpunkt* gespeist wird, seine Arbeit auf. Sechs weitere → *Reverberen* kamen 1872 hinzu. Die insgesamt 23 Parabole erreichten eine maximale → *Tragweite* von 10 → *Seemeilen.* Der → *Leuchtfeuerwärter* durfte den Leuchtturm kostenlos als Wohnung nutzen. Ihm und seiner Familie stand das Erdgeschoß zu Verfügung. Im Obergeschoß gab es für Inspektoren zwei Räume, die bei deren Abwesenheit auch an Reisende vermietet werden durften. Die → *Leuchte* wurde später von → *Rüböl* auf → *Petroleum* umgestellt. Anfangs lagerte der → *Brennstoff* im Keller. Wegen

Historische Darstellung des Arkona, alter Turm, der auch nach dem bekannten Architekten und Maler Karl Friedrich Schinkel „Schinkelturm“ genannt wird.

Die beiden Leuchttürme am Kap Arkona sind zum Wahrzeichen der Insel Rügen geworden (oben links). Der kleine, Arkona, alter Turm, ist 1826 bis 1827 erbaut worden. Der große, Arkona, neuer Turm, ist seit 1902 in Betrieb.

Der Leuchtturm Amrum ist 42 Meter hoch und wurde 1873 bis 1874 auf einer Düne errichtet.

Carl Auer Freiherr von Welsbach (1858 bis 1929)

der Brandgefahr stand ab 1880 eine Feuerspritze bereit. Eine neue Petroleumlagerstätte wurde 1884 außerhalb des Leuchtturms gebaut. Da im Zuge der Intensivierung des Ostseehandels bald immer mehr Dampfschiffe am Kap Arkona vorbeifuhren, reichte bald die mittlerweile veraltete Leuchtfeuertechnik des Turms nicht mehr aus. Neben dem vierkantigen „Schinkelturm" entstand daher 1902 ein neuer Leuchtturm. Schon früh wurde der alte Turm als wertvolles Baudenkmal anerkannt und blieb dadurch erhalten. Die Leuchtfeuereinrichtung ging allerdings verloren. Nach einer umfangreichen Sanierung 1993 ist der Backsteinturm ein zu besichtigendes Baudenkmal von überregionalem Rang geworden. Die Aussichtsplattform ist über eine gußeiserne Treppe zu erreichen, die eine Kostbarkeit deutscher Gießereikunst ist und im 19. Jahrhundert in Neusalz hergestellt wurde.

Arkona, neuer Turm Für Leuchtturmenthusiasten ist das Kap Arkona ein besonderer Ort, da hier gleich zwei Leuchttürme nebeneinander stehen. Zum einen der alte Turm (→ *Arkona, alter Turm*), auch „Schinkelturm" genannt, zum anderen der große, von 1901 bis 1902 erbaute neue Leuchtturm, der ein Zwilling des deutschen Leuchtturms auf → *Helgoland* war, der 1945 bei einem Bombenangriff zerstört worden war. Die zuständige Seezeichenbehörde hatte um 1900 gleich für zwei Probleme eine Lösung gefunden und nach fast identischen Plänen auf Helgoland und → *Rügen* die Leuchttürme bauen lassen. Die Petroleumlampen im „Schinkelturm" reichten für die zunehmende Schifffahrt am Kap Arkona nicht mehr aus. Den neuesten technischen Stand verkörperten um 1900 elektrisch betriebene Schnellblinkfeuer. Die Firma Helios in → *Köln-Ehrenfeld* legte ein Projekt für ein derartiges → *Leuchtfeuer* am Kap vor. Drei Dampfmaschinen sollten die nötige Energie liefern. Für den Beleuchtungsapparat schlug die Firma → *Bogenlampen* und → *Fresnel-Linsen* vor. Der insgesamt 35 Meter hohe runde Turm aus gelben Ziegelsteinen ruht auf einem achteckigen granitenen Unterbau. Im Turm befindet sich ein kreisrunder Schacht für das ehemalige → *Zuggewicht*. Um den Schacht herum ist die Steintreppe mit Zwischenpodesten und 175 Stufen angeordnet. Die eiserne → *Laterne* ist ein Produkt der → *Isselburger Hütte* (Niederrhein), woran früher ein Firmenschild an der Tür zur Leuchtturmgalerie erinnerte. Seit der rotschwarze Anstrich des

Leuchtturms im Herbst 1991 entfernt und auch die Laterne von überflüssigen Anbauten befreit wurde, ist der ursprüngliche äußere Zustand wiederhergestellt. Die → *Feuerhöhe* beträgt 75 Meter, und die → *Tragweite* des Lichts liegt bei 22 → *Seemeilen.* Außerhalb der Laterne sind Vogelschutzlampen angebracht, damit sich die Vögel besser orientieren können und nicht, durch das Leuchtfeuer geblendet, gegen den Turm prallen. Dies kann besonders beim Vogelzug im Frühjahr und Herbst passieren. Seit Oktober 1995 weist eine restaurierte Leuchtfeuereinrichtung Schiffen den Weg. Als → *Lichtquelle* dient eine Natriumdampflampe in einer automatischen Wechselvorrichtung. Der Leuchtturm kann bis zur → *Galerie* bestiegen werden. Alle Leuchtfeuer auf der Insel Rügen werden vom → *Wasser- und Schiffahrtsamt* Stralsund verwaltet. Die → *Automatisierung* des Leuchtturms Kap Arkona erfolgte bereits 1977.

Arngast Der Jadebusen an der niedersächsischen Nordseeküste ist durch zahlreiche Sturmfluten entstanden, die im Laufe der Jahrhunderte der Küste immer mehr Land abgerungen haben. Zuerst kennzeichnete der Leuchtturm Vareler Siel das → *Fahrwasser* der Innenjade. Da die → *Tragweite* dieses 1877 gebauten → *Leuchtfeuers* oft durch Dunstbildung über den ausgedehnten Wattenflächen des Jadebusens beeinträchtigt wurde, beschloß man einen Neubau, der näher am Fahrwasser stehen sollte. Der Leuchtturm Arngast erhielt seinen Namen von einer Insel, die einmal in der Bucht existierte und deren Rest 1905 ebenfalls ein Opfer der Fluten wurde. So mußte der neue Leuchtturm Arngast von 1909 bis 1910 ins Watt gebaut werden, um als → *Leitfeuer* und → *Quermarkenfeuer* Schiffen den Weg durch den Jadebusen und nach Wilhelmshaven zu weisen. Der Turmschaft besteht aus vorgefertigten Eisenteilen, die am Niederrhein von der → *Isselburger Hütte* gegossen und vor Ort zu einem Turm montiert wurden. Sie ruhen, inklusive Unterbau und Turmsockel, auf 112 Holzpfählen von 7,60 Meter Länge, die zum Schutz vor Bohrmuschelbefall mit Tonrohren ummantelt sind. Seit dem 1. Oktober 1910 ist der Leuchtturm Arngast in Betrieb. Seine → *Feuerhöhe* beträgt 30 Meter, das Bauwerk selbst ist mit 36 Metern vermessen. Während des Zweiten Weltkrieges war über der → *Laterne* ein Scheinwerferstand zum Orten und Bekämpfen anfliegender Bomberverbände positioniert und neben dem Turm für das Bedienungspersonal eine Wohnbaracke auf Pfählen errichtet. 1966 wurde das Leuchtfeuer an das öffentliche Stromnetz angeschlossen und zwei Jahre später automatisiert, die letzten → *Leuchtfeuerwärter* verließen den Turm. Heute ist der Leuchtturm Arngast das südlichste elektronisch gesteuerte Glied in einer Leuchtfeuerkette für den Jade-Großschiffahrtsweg, der bei Wangerooge beginnt.

Auer, Carl (1858 bis 1929) Der österreichische Chemiker Carl Auer Freiherr von Welsbach befaßte sich u. a. mit seltenen Erdmetallen. Er erfand 1885 den Gasglühstrumpf aus feuerfesten Metalloxyden, weltbekannt unter dem Kurzbegriff „Auerlicht". In diesem Glühstrumpf können diverse Gase mit großer Helligkeit verbrannt werden. Der Glühstrumpf wurde und wird weltweit zu verschiedenen Beleuchtungszwecken eingesetzt, auch auf Leuchttürmen und Leuchtonnen.

Auerlicht → *Auer, Carl*

Außenelbe und Elbmündung Die 15 Kilometer breite Elbmündung bei → *Cuxhaven* ist für Schiffe nicht in voller Breite befahrbar. Begrenzt von unsichtbaren Ufern, setzt die → *Elbe* ihren Lauf noch etwa 20 → *Seemeilen* (fast 40 Kilometer) unterhalb der Wasseroberfläche fort. Das Befahren dieser und abzweigender Rinnen, man spricht von der Außenelbe, wird durch gefährliche Sandbänke und Untiefen sehr erschwert. Erst auf halbem Weg nach → *Helgoland* erreichen die großen Schiffe tiefes Wasser. Die Außenelbe ist ein berüchtigtes Seegebiet und gehört heute zu den meistbefahrenen Wasserstraßen der Welt. Seit dem ausgehenden Mittelalter versuchen Menschen, den Seeweg in die Elbmündung zu sichern. Der große Backsteinturm auf der Insel → *Neuwerk*, aber auch die Kugelbake, das Wahrzeigen von Cuxhaven, sowie der Leuchtturm → *Großer Vogelsand* und zahlreiche → *Tonnen,* sind neben Radarstationen und Lotsendienst sichtbare Zeichen einer jahrhundertelangen Auseinandersetzung um die richtige Wegweisung durch schwieriges → *Fahrwasser*. Die Zeit der legendären → *Feuerschiffe* in diesem Seegebiet ist vorbei. Die berühmten Feuerschiffe Elbe I, Elbe II und Elbe III wurden durch unbemannte Feuerschiffe (→ *UFS)* und Großtonnen ersetzt.

Außenweser und Wesermündung Ähnlich der → *Außenelbe und Elbmündung* wird das Seegebiet vor → *Bremerhaven* von Untiefen und Sandbänken durchzogen, so daß eine Fahrwasserkennzeichnung notwendig ist. Dies geschieht auch durch große Leuchtturmbauten, die entweder im Watt oder im freien Wasser stehen. 25 Kilometer südwestlich von Bremerhaven steht der bei Ebbe trockenliegende Leuchtturm → *Hohe Weg* und zeigt seit 1856 sein Licht. Dann folgten 1885 der berühmte Turm → *Roter Sand*, 1924 → *Robbenplate*, 1942 Mellumplate, 1964 → *Alte Weser*, 1965 Tegeler Plate. Die großen Leuchttürme werden von einem Spalier kleiner → *Feuer* unterstützt. Auf der Untiefe Eversand stehen noch zwei kleinere Türme, die von 1887 bis 1923 in Betrieb waren. In dem als Außenweser bezeichneten Seegebiet gibt es seit 1966 keine bemannten → *Feuerschiffe* mehr. Alle Leuchttürme sind automatisierte und fernüberwachte Basen für die elektronische Schiffsführung.

Automatisierung Die Leuchttürme in Deutschland werden heute unbemannt betrieben. Somit gibt es an der Nord- und Ostseeküste keine Leuchtturm- bzw. keine → *Leuchtfeuerwärter* mehr. Die Ein- und Ausschaltvorgänge und die Betriebsabläufe werden durch Zeitschaltuhren und Sensoren gesteuert. Mehrere Leuchttürme in einer Region werden von einer → *Revierzentrale* fernüberwacht. In den alten Bundesländern war 1986 die Automatisierung aller Leuchttürme abgeschlossen. Der → *Seehydrographische Dienst* der DDR hatte bereits 1979 die Voraussetzungen für die Fernüberwachung erfüllt. Alle Leuchttürme unterliegen einer regelmäßigen → *Wartung*.

B

Bake Festgegründetes pfahl- oder gittermastartiges Schiffahrtszeichen mit → *Kennung* durch Form oder Form und Farbe. Mit einem → *Leuchtfeuer* wird sie als Leuchtbake bezeichnet. Die → *Seezeichen,* selbst Leuchtfeuer und → *Kirchtürme,* wurden im späten → *Mittelalter* – und noch lange danach – als Baken bezeichnet. Wegen dieser unklaren Begriffslage fällt eine historische Betrachtung über Form und Anzahl dieser Peilmarken und Navigationshilfen schwer. Die erste Nachricht über eine Bake an der Ostseeküste stammt aus dem 13. Jahrhundert. Dort soll an der Südwestspitze Schwedens, Falsterbø, damals dänisch, eine Bake gestanden haben. Dem gleichen Ort wird für das Jahr 1222 das erste Leuchtfeuer zugesprochen. An der Nordseeküste wurden nachweislich seit dem 15. Jahrhundert Baken installiert. Auf → *Seekarten* des 18. Jahrhunderts sind einige Baken sehr detailliert gezeichnet. In der Schrift „Grundsätze eines einheitlichen Systems zur Bezeichnung der Fahrwasser und Untiefen in den deutschen Küstengewässern" vom 31. Juli 1887 ist die Bake genau definiert worden. Auch die früher zur Bezeichnung von Wattfahrwassern benutzten Kopfbaken und Bauwerke, die als → *Kapen* bezeichnet werden, sind danach Baken. Weit über die Grenzen Deutschlands hinaus bekannt ist die Kugelbake in → *Cuxhaven.* Sie gilt als Musterbeispiel dieses Seezeichentyps. Bereits 1705 existierte an dem Standort der Kugelbake ein Seezeichen. An gleicher Stelle hatte zuvor eine Baumgruppe als Peilmarke gedient, bis die Bäume Opfer der Fluten wurden. Man nimmt an, daß Baken nach 20, spätestens nach 30 Jahren so verwittert waren, daß sie erneuert werden mußten. Die erste Erneuerung der Kugelbake fand vermutlich 1737 statt, ein weiterer Neubau ist um 1898 bekannt. Sowohl bei Ausbruch des Deutsch-Französischen Krieges 1870 als auch bei Beginn des Ersten Weltkrieges 1914 war die Bake zerlegt worden, um dem Feind keine Orientierungshilfe zu geben. Die heutige Kugelbake, 29 Meter hoch, stammt aus der Zeit nach 1945 und ist das Wahrzeichen der Stadt Cuxhaven sowie der nördlichste Punkt Niedersachsens. Sie markiert den Übergang von der → *Elbe* in die → *Außenelbe* oder umgekehrt. Nicht unerwähnt sollte das „Fort Kugelbake" bleiben, die einzige noch erhaltene Marinefestung Deutschlands. Sie wurde in den Jahren 1870 bis 1878 an gleicher Stelle erbaut. Viel älter als die Kugelbake, doch weniger bekannt, ist die früher bei Cuxhaven stehende Ros-Bake, später auch Große Bake genannt. In ihrer Ausführung von 1743 war sie mit ihren 39 Metern die höchste Bake an der Nordseeküste. Bei einem schweren Unwetter im November 1801 stürzte das schon baufällige Seezeichen ein. Auf den Wiederaufbau wurde verzichtet, statt dessen entstand hier der Leuchtturm Cuxhaven. Mit der beginnenden Nachtfahrt in Küstennähe verloren die Baken seit dem letzten Viertel des 19. Jahrhunderts immer mehr an Bedeutung. Einige von ihnen wurden zu Leuchtbaken umgebaut.

Bakenberg An der Ostseeküste gibt es mehrere landschaftliche Erhebungen, die als Bakenberge bezeichnet werden. Der Rückschluß, daß auf diesen Bergen → *Baken* als → *Seezeichen* gestanden haben, ist berechtigt, doch gibt es Quellen, die eine weitere Deutung zulassen. Der bedeutende → *Rügen*-Chronist Johann Jacob Grümbke (1771 bis 1849) hat in einem Reisebericht „Streifzüge durch das Rügenland" folgende Information hinterlassen: „Ich machte mich daher mit eine paar des Weges kundigen Herren auf, um den Baakenberg, den höchsten der Insel (→ *Hiddensee)*, zu besteigen, welcher nordwestlich vom Hof hinter dem Dorf Grieben liegt und seinen Namen von einer sogenannten → *Feuerbake,* einer auf einem hohen starken Pfahl befestigten Teertonne, führt, die in den Kriegszeiten dort stand, um bei einer etwaigen feindlichen Landung in Brand gesteckt zu werden und als Signal zu dienen, jetzt aber nicht mehr existiert."

Bauhof → *Tonnenhof*

Bekanntmachung Die Bekanntgabe eines neuen → *Leuchtfeuers* mußte vor dessen Fertigstellung erfolgen, damit die Schiffahrt nicht mit einem unbekannten Leuchtturm oder einer unbekannten Feuerbake konfrontiert wird. Das Schicksal der „Argyra" ist ein Beispiel dafür, wie gefährlich es werden kann, wenn diese Informationen nicht rechtzeitig den Adressaten erreichen. In einer stürmischen Septembernacht 1878 sah Kapitän Luckham das Leuchtfeuer von → *Norderney.* Der Seemann kam mit seinem Segelschiff aus Südamerika und wollte auf seiner letzten Fahrt als Kapitän und Reeder nach Hamburg. Mehr als ein Jahr zuvor hatte er seinen Heimathafen in England verlassen. Da der weitgereiste Kapitän aber keine Kenntnis von einem neuen Leuchtturm auf Norderney hatte, hielt er das Feuer für → *Helgoland* und korrigierte seinen Kurs in die Elbmündung (→ *Außenelbe und Elbmündung*). Ein verhängnisvoller Irrtum! Das Schiff strandete vor der Insel Juist und zerbrach nach kurzer Zeit im Sturm. Seine Frau, die noch junge Tochter und die beiden Söhne des Kapitäns ertranken. Er selbst überlebte das Unglück und mußte sich vor einem Seegericht verantworten. Dabei stellte sich heraus, daß die verantwortliche Behörde die Position des Leuchtturms Norderney zu spät bekanntgegeben hatte. Im 19. Jahrhundert gab es für maritime Nachrichten noch keinen Seefunk.

Blankenese Der idyllische Elbvorort von Hamburg mit seinem für Norddeutschland unvergleichlichen maritimen Flair ist Standort von zwei großen Leuchttürmen, die zusammen eine → *Richtfeuerlinie* bilden. Beide Bauwerke sind schlanke, optisch anmutige Türme, die von der Hamburger Presse einmal als „Leuchtspargel" bezeichnet wurden. Der direkt am Fluß stehende Turm ist das „Blankeneser Unterfeuer" mit der beachtlichen Bauwerkhöhe von 42 Metern und einer → *Feuerhöhe* von 41 Metern. 2 Meter kleiner ist das „Blankeneser Oberfeuer", das auf dem Elbhang steht und somit eine Feuerhöhe von 84 Metern erreicht. Beide Türme sind seit 1984 in Betrieb und arbeiten ferngesteuert.

„Blanker Hans" Die Bezeichnung steht für die stürmische → *Nordsee* und reicht bis ins ausgehende → *Mittelalter* zurück. Ursprung und Bedeutung sind heute nicht mehr erklärbar. Bekannt wurde der Begriff vor allem durch die Ballade Detlev von Liliencrons über den Untergang von Rungholt: „Trutz, Blanke Hans". Auf → *Wangerooge* wurden mehrere Leuchttürme Opfer des „Blanken Hans".

Blink Aufleuchtende Lichterscheinung aus relativ lang anhaltender Dunkelheit oder aus einem schwachen Licht heraus anschwellend.

Blinkfeuer Wenn die Pause einer regelmäßig wiederkehrenden Lichterscheinung länger ist als der Blitz, spricht man von einem Blinkfeuer. Die Pause muß aber länger sein als der → *Blink*, der mindestens zwei Sekunden leuchten muß.

Blitz → *Kennung*

Blitzfeuer Regelmäßig wiederkehrende Lichterscheinung, deren Pause länger als die Lichterscheinung ist. Die Lichterscheinung, also der Blitz, darf an den deutschen Küsten höchstens 0,7 Sekunden dauern. Für die charakteristische

→ *Kennung* eines → *Leuchtfeuers* gibt es Einzelblitze oder Gruppen von Blitzen.

Blüse Historische Leuchtfeueranlage, bestehend aus einem massiven Bau oder einem Balkengerüst, auf dessen oberer Plattform ein → *Feuer* brannte. Bis in die erste Hälfte des 19. Jahrhunderts waren in Deutschland Blüsen als bedeutende → *Leuchtfeuer* in Gebrauch. Ihr gemeinsames Merkmal war nicht das Bauwerk, sondern die Technik der Befeuerung. Unter freiem Himmel wurde auf einem Gitterrost oder in einem Eisenkorb Holz oder Kohle verbrannt. Je nach Güte des Brennmaterials und entsprechend den Witterungsverhältnissen erreichte das Blüsenfeuer eine → *Tragweite* von 3 bis 8 → *Seemeilen.* Entscheidender Nachteil: die enormen Betriebskosten. So wurde, u. a. wegen ihres hohen Bitumengehalts, Steinkohle aus Schottland importiert und in großen Mengen an entlegene Orte transportiert. Schottische Steinkohle brannte besonders hell, und ihre gelbrötliche Glut war bei diesigem Wetter anderen Brennmaterialien überlegen. Geschürt wurde das Feuer von einem „Blüser“ oder „Blüsenmeister“. Auf → *Helgoland* stieg ab 1761 der Verbrauch auf fast 500 000 Kilogramm Kohle (500 Tonnen) im Jahr. Der würfelartige Steinbau stand von 1630 bis 1916 auf dem Helgoländer Oberland. Ein dreigeschossiges Balkenwerk von 23 Meter Höhe war von 1644 bis 1815 auf der Insel → *Neuwerk* in Betrieb, um den von See kommenden Schiffen bei Nacht das Auffinden der Elbmündung (→ *Außenelbe und Elbmündung)* zu erleichtern. Anfangs brannte das Kohlefeuer nur in Winternächten und erst seit 1726 das ganze Jahr hindurch. Um die Ansteuerung der → *Ems* auch bei Nacht zu ermöglichen, ließ die Stadt Emden auf der Insel Borkum 1780 eine Blüse errichten. Dieses 11 Meter hohe und im Sommer 1792 auf 14,5 Meter erhöhte Pfahlgerüst schloß mit einer quadratischen Plattform ab, auf der eine Backsteinschicht als Brandschutz aufgemauert war. In der Mitte stand der offene Feuerkorb mit grobem Eisenrost. Die Einrichtung der Blüse gab die Stadt Emden in deutschen, englischen und niederländischen Zeitungen bekannt. Sie wurde am 15. Dezember 1780 zum ersten Mal angezündet. Auf →*Wangerooge* stand ebenfalls eine Blüse. Eine Variante der Blüse ist das → *Wippfeuer.*

Blüsenmeister → *Leuchtfeuerwärter*

Bodensee → *Lindau*

Bogenlampe Historische Leuchtfeuerlichtquelle, auch als Kohlenbogenlampe oder als preußische Kohlenbogenlampe bekannt. Zwischen zwei Kohlestäben, an denen eine hohe elektrische Spannung angelegt wurde, entstand ein Lichtbogen mit hoher Leuchtkraft. In Deutschland brannte die letzte Bogenlampe bis 1978 auf dem Leuchtturm → *Westerheversand*. Bogenlampen haben zahlreiche technische Entwicklungsstufen durchlaufen und wurden erstmals 1858 in England mit wechselndem Erfolg als → *Leuchtfeuer-* → *Lichtquelle* eingesetzt. Anfang des 20. Jahrhunderts beschäftigte sich auf Anregung von → *Walter Körte* das → *Seezeichenversuchsfeld* mit der Lichtbogentechnik und entwickelte die preußische Kohlenbogenlampe. Mit Beginn des Brennvorgangs wird ein Lichtbogen durch Berühren der Kohlestäbe gezündet, worauf dann die Kohlestäbe durch ein elektromechanisches Regelwerk voneinander entfernt werden und der gebildete Lichtbogen auseinandergezogen wird. Sodann wird dieser beim Erreichen der gewünschten lichttechnischen Werte stabilisiert, der Kohleabbrand wird gleichfalls durch das Regelwerk selbsttätig ausgeglichen, so daß der Krater stets im → *Brennpunkt* der → *Optik* bleibt. Weil alle Bogenlampen Aschestaub entwickelten und die Abgase des Lichtbogens Schäden an den Optiken und → *Laternen* verursachten, begann man schon vor dem Zweiten Weltkrieg, sie durch Glühlampen zu ersetzen.

Borkum, alter Turm Leuchttürme warnen nicht nur vor Gefahren, Leuchttürme symbolisieren auch die wirtschaftlichen und politischen Interessen einer Stadt, einer Region oder eines Landesherrn. Oft waren es Kaufleute, die weit entfernt von ihren Speichern und Kontoren einen Leuchtturm forderten, um den Weg in ihren Hafen sicherer zu machen. Dies gilt auch für die → *Leuchtfeuer* der Insel Borkum in der Emsmündung, und so ist die Geschichte der → *Seezeichen* auf Borkum auch ein Teil der Chronik Emdens. Blättern wir die Seiten der Geschichte zurück und blicken auf die Region. 1566 begann in den benachbarten Niederlanden der Kampf gegen Spanien, der 80 Jahre dauern sollte. Dem neutralen Emden brachte der Konflikt einen enormen Aufschwung, und die Stadt an der → *Ems* wurde größter Getreidehafen und erster Markt des Kontinents. Um 1570 hatte die Stadt mehr Schiffe als England unter Königin Elisabeth I. Ein kleiner → *Kirchturm* auf der Insel Borkum genügte dem regen Schiffsver-

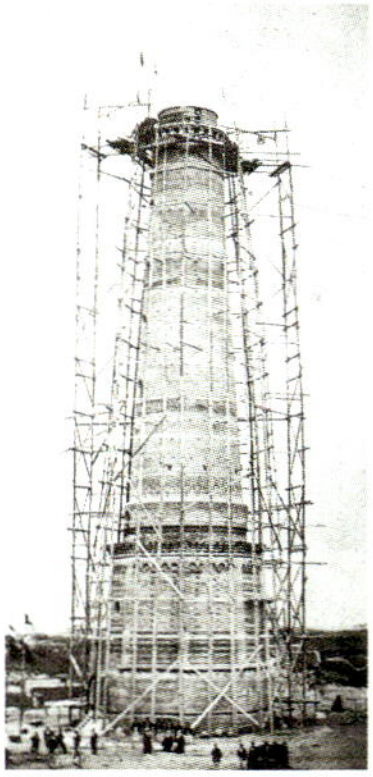

Nach dem Brand des alten Turms wurde 1879 umgehend mit dem Bau eines neuen Leuchtturms auf Borkum begonnen. Für die 53,5 Meter hohen Außenmauern wurden 1 526 000 Ziegelsteine vermauert. Bereits am 15. November 1879 zeigte der große Leuchtturm zum ersten Mal sein Licht und erfüllt bis heute einwandfrei seine maritimen Aufgaben.

Der alte Leuchtturm auf Borkum (links) mit der Laterne von 1857. Am 14. März 1879 hatte ein verheerender Brand die Laterne und das Turminnere zerstört.

Borkums „jüngster" Leuchtturm aus dem Jahr 1891 steht an der Westküste der Insel.

Eine im Seezeichenversuchsfeld in Koblenz aufbewahrte Preußische Bogenlampe

kehr als wichtiger Ansteuerungspunkt nicht mehr. Emder Kaufleute und Schiffer forderten zur besseren Ansteuerung und Kennzeichnung der Insel einen „neijen Thoren op Borccum“. Die Stadt Emden baute daher 1576 auf dem Standort des alten Kirchturms einen 41 Meter hohen viereckigen Ziegelsteinturm, der heute noch die Inselsilhouette bestimmt. Die wirtschaftliche Blüte Emdens im 16. Jahrhundert dauerte nur wenige Jahrzehnte. Die Veränderungen der politischen Verhältnisse in den Niederlanden und in Deutschland während des Dreißigjährigen Krieges führten zum wirtschaftlichen Niedergang der Stadt. Außerdem verschlechterte sich die Zufahrt zum Emdener Hafen, als die Ems infolge einer Sturmflut ihr Flußbett verlagerte. Emden war jedoch bestrebt, die Ansteuerung der Emsmündung weiter zu erleichtern. Für diesen Zweck wurde auf Borkum 1780 eine → *Blüse* errichtet, an deren Kosten sich auch die Niederlande beteiligten. Die Errichtung der Blüse war der Anfang einer bemerkenswert guten Zusammenarbeit an der Ems, die bis in die Gegenwart anhält. Durch Napoleons Kontinentalsperre kam 1806 der reguläre Seehandel zum Erliegen, 1807 wurde der Betrieb der Blüse weitgehend eingestellt. Ein paar Jahre später wurde der alte Ziegelsteinturm auf der Insel Borkum zum Leuchtturm. Mit dem Hamburger Konstrukteur Johann Georg Repsold (1770 bis 1830) schloß die Stadt Emden 1816 einen Vertrag über die Lieferung einer → *Laterne,* die aus einem zylindrischen Unterteil, auf welchem eine Metallrippenkonstruktion aufgebaut war, bestand. Den unteren Teil der Metallrippen bildeten zwei Reihen von je 18 Fenstern, in die 6 Millimeter starke Glasscheiben eingesetzt waren. Nach oben ging die Eisenkonstruktion in ein kuppelförmiges Dach über. In der Laterne brannten insgesamt 27 → *Argand-Lampen* übereinander, verteilt auf zwei Reihen. Am 12. März 1817 zeigte der alte Turm zum ersten Mal sein → *Feuer.* 1857 wurden der Leuchtapparat und die gesamte Laternenkonstruktion wieder demontiert, und der Turm wurde auf 45 Meter erhöht. Die neue → *Laterne* besaß eine → *Fresnel-Linse* und erreichte eine → *Feuerhöhe* von 41 Metern. Als → *Lichtquelle* diente eine dreidochtige Öllampe, die stündlich etwa 350 Gramm → *Rüböl* verbrannte. Für die drei → *Leuchtfeuerwärter* war ein Aufenthaltsraum im obersten Stockwerk unter der Laterne eingerichtet, der an kalten Tagen mit einem Torfofen beheizt wurde. Am 14. Februar 1879 brannte der alte Leuchtturm auf

Borkum völlig aus. Der Torfofen im Wärterraum hatte die hölzerne Decke in Brand gesetzt.

Borkum, großer Turm Ein verheerender Brand hatte am 14. Februar 1879 den alten Turm auf Borkum (→ *Borkum, alter Turm*) bis auf die starken Außenmauern zerstört. Noch im selben Jahr konnte dank bereits vorhandener Baupläne der große Leuchtturm auf Borkum fertiggestellt werden. Für den runden Turmschaft wurden rund 1 526 000 Ziegelsteine vermauert. Inklusive der → *Laterne* ist der Turm 60 Meter hoch und erreicht eine → *Feuerhöhe* von 63 Metern. Am 15. November 1879 wurde sein Licht zum ersten Mal angezündet. Es soll eine Flamme von 10 Zentimeter Durchmesser und 10 Zentimeter Höhe in einer fünfdochtigen Petroleumlampe gewesen sein. Das Licht wurde von einer → *Fresnel-Linse* verstärkt, die einen Durchmesser von 2 Metern und eine Höhe von fast 3 Metern besaß. Die Firma → *Veitmeyer* in Berlin lieferte die Leuchtfeuereinrichtung. Die Linsenteile kamen aus Frankreich, das zu jenem Zeitpunkt noch führend in der Herstellung von Fresnel-Linsen war. Die Niederlande hatten sich mit gut einem Drittel an den Baukosten beteiligt, da auch ihre Schiffe von einer sicheren Emsmündung profitierten. Der große Leuchtturm auf Borkum diente schon, wie sein Vorgänger, der alte viereckige Turm, als → *Seefeuer.* Im Laufe der Jahrzehnte wurden die Einrichtungen und die Merkmale des → *Feuers* mehrmals verändert. So besitzt es heute eine → *Tragweite* von 24 → *Seemeilen.* Oberhalb der Turmmitte kündigt aus dem sogenannten Blumenfenster ein → *Quermarkenfeuer* den Kurswechsel von der Westerems in das Randzelgat oder umgekehrt an. Seit 1978 ist der Turm automatisiert. Der Leuchtturm ist für einen Rundblick von der → *Galerie* freigegeben und zählt im Jahr um die 60 000 Besucher.

Borkum, kleiner Turm Für die Emsansteuerung durch das Hubertgat und die Westems, zwei Fahrrinnen, die vor der niederländischen Küste an den Sandbänken Ballon- und Geldsackplatte verlaufen, ließ die Seezeichenverwaltung von 1887 bis 1889 an der Südwestseite der Insel Borkum einen der bemerkenswertesten deutschen Leuchttürme bauen. Er war der erste Leuchtturm, den die → *Isselburger Hütte* aus vorgefertigten Eisenteilen errichtete. Ferner war er der erste für den elektrischen Betrieb gebaute Leuchtturm in Deutschland und, in Verbindung mit einem Sendemast, die wohl erste Küstenfunkstelle der Welt. Kurz vor der Wende vom 19. zum 20 Jahrhundert hatten internationale Bemühungen, die drahtlose Telegrafie zu ermöglichen (unter anderem durch den Italiener Marconi und den deutschen Professor Ferdinand Braun), zum Erfolg geführt. Der Norddeutsche Lloyd in Bremen, bereits 1890 die viertgrößte Reederei der Welt, ergriff die Initiative, um die drahtlose Telegrafie für die Handelsschiffahrt zu nutzen. Erstes Ziel der Bemühungen war es, auf der → *Nordsee* einen Schiffsmeldedienst zu errichten, um die Ankunftszeiten der Überseeschnelldampfer in den Häfen bekanntzugeben. Die königlich preußische Regierung nahm die Anregung des Norddeutschen Lloyd auf. Für die erste Küstenfunkstation stellte sie 1899 den neuen „elektrischen Turm" und für den Meldeposten auf See das → *Feuerschiff* Borkumriff, einschließlich des Personals, zur Verfügung. Von dem Lloyd-Dampfer „Kaiser Wilhelm der Große" wurde am 28. Februar 1900 zur Erprobung der Sendegeräte im kleinen Leuchtturm das erste Seefunktelegramm durch den Äther gemorst. Zwischen dem Meldeposten Feuerschiff und dem Leuchtturm wurde dann am 15. Mai 1900 offiziell die drahtlose Telegrafie in Betrieb genommen. In den letzten 100 Jahren ist es still geworden um den „kleinen Turm". 1966 wurde eine Radarantenne auf die bis dahin kuppelförmige → *Laterne* gebaut. Wie alle Leuchttürme in Deutschland ist auch dieser automatisiert. Seine → *Feuerhöhe* für das → *Leitfeuer* beträgt 32 Meter, der Turm ist 27 Meter hoch.

Bregenz Anläßlich der Bregenzer Operfestspiele wurde 1989 am Bodensee ein Leuchtturm errichtet. Er stand auf der Festspielseebühne und diente als Kulisse für die Oper „Der fliegende Holländer" von Richard Wagner. 1991 hat man den Turm zerlegt und in Wien vor dem Technischen Museum wieder aufgebaut. Dort stand der sogenannte „Holländer Turm" bis 1997. Nach einem erneute Umzug erfreut der Leuchtturm nun auf der Wiener Donauinsel in einem Freizeitzentrum viele Besucher.

Bremen Überseehafen-Süd Hier fällt ein architektonisch interessantes Molenfeuer auf, ein gedrungener, aus Granitquadern gebauter Turm mit Erker und zwei → *Galerien.* Das Bauwerk ist seit 1906 in Betrieb und wird heute ferngesteuert. Bauwerkhöhe 12 Meter, → *Feuerhöhe* 14 Meter.

Bremerhaven Die Stadt an der Wesermündung (→ *Außenweser und*

Wesermündung) kann durchaus als die Stadt der Leuchttürme bezeichnet werden. Bremerhaven ist Standort einiger architektonisch interessanter Leuchtturmbauten. Da wären das neugotische → *Bremerhaven Oberfeuer*, das utopisch anmutende → *Bremerhaven Unterfeuer* und das → *Geestemündung Molenfeuer* zu nennen. Auch ein kleiner Leuchtturm, der als „Klingel"- oder → *Pingelturm* bekannt ist, aber offiziell Kaiserschleuse Ostfeuer heißt, zählt zu den Schmuckstücken der Leuchtturmarchitektur in Bremerhaven. Die Stadt am rechten Weserufer bietet dem → *Deutschen Schiffahrtsmuseum* Platz, das auch Exponate zum Leuchtfeuerwesen zeigt. Bremerhaven ist außerdem Sitz des → *Fördervereins* „Rettet den Leuchtturm → *Roter Sand* e. V." und des Vereins „Maritimer Denkmalschutz e. V.". Von Bremerhaven aus werden die Leuchttürme in der Wesermündung betreut. Das → *Wasser- und Schiffahrtsamt* Bremerhaven rundet mit dem Alfred-Wegener-Institut für Polar- und Meeresforschung das Bild einer maritimen Stadt an der → *Nordsee* ab.

Bremerhaven Oberfeuer Auch Simon-Loschen-Turm genannt. Am Schlepperhafen steht einer der schönsten deutschen Leuchttürme. Er wird offiziell Bremerhaven Oberfeuer genannt und wurde vom Architekten → *Simon Loschen* (1818 bis 1902) im neugotischen Stil erbaut. Die norddeutsche Backsteingotik des Mittelalters war sein Vorbild. Auf quadratischem Grundriß erbaut, enden seine vier Wände in hohen Giebeln, die elegant in den runden Turmteil überleiten, der an der Spitze die verglaste → *Laterne* mit ebenfalls gotisch anmutender Verzierung trägt. Seit 1855 ist der 38 Meter hohe Turm mit einer → *Feuerhöhe* von 35 Metern in Betrieb. Neben dem Leuchtturm entstand im gleichen Baustil ein zweistöckiger Anbau mit Büros, einem Observatorium sowie Wohnungen für die Leuchtfeuer- und Schleusenwärter. Der Anbau wurde im letzten Weltkrieg zerstört. Die erste Leuchtfeuereinrichtung bestand aus → *Argand-Lampen* mit Parabolspiegeln, die rundum ein weißes Licht zeigten. In → *Sichtweite* des Leuchtturms ereignete sich 1875 eine verheerende Katastrophe. Ein Versicherungsbetrüger versuchte, eine Bombe auf den Dampfer „Mosel" zu bringen, doch die Höllenmaschine explodierte vorzeitig und riß 81 Menschen in den Tod. Mit dem Bau des → *Bremerhaven Unterfeuer* erhielt der Simon-Loschen-Turm eine neue Aufgabe. Die beiden

Türme bilden die → *Richtfeuerlinie* für den Blexener Bogen in der → *Weser.* Seit 1942 wird das → *Leuchtfeuer* elektrisch betrieben. Das Bauwerk steht unter Denkmalschutz. Auf älteren Fotos ist der Leuchtturm noch mit rotem Anstrich zu sehen. Anläßlich einer 1986 erfolgten Sanierung wurde die Farbe entfernt, und die schöne Backsteinfassade kam wieder zum Vorschein. Der Turm wird vom → *Wasser- und Schiffahrtsamt* → *Bremerhaven* überwacht.

Bremerhaven Unterfeuer Auch „Minarett" oder „Zwiebelturm" genannt. Zusammen mit dem → *Bremerhaven Oberfeuer* bildet das „Minarett" eine → *Richtfeuerlinie* für die Fahrrinne im Blexener Bogen. Sie haben zwar eine gemeinsame Aufgabe, doch ihr architektonischer Kontrast ist einmalig. Neben der neugotischen Formensprache des Architekten → *Simon Loschen* (1818 bis 1902) für das → *Oberfeuer*, spiegelt das 1893 erbaute → *Unterfeuer* in Form und Material den Aufbruch ins 20. Jahrhundert wider. Der genietete Stahlskelettbau ist ein Beispiel für den Bruch mit dem bis dahin üblichen historischen Baustil und dem Beginn einer eigenständigen Ingenieurbaukunst. Konstruiert wurde der ursprünglich 23 Meter hohe Leuchtturm vom Hafenbaumeister Rudloff. Nicht nur das Äußere des Bremerhaven Unterfeuers steht für sich. Auch in der über 100jährigen Geschichte des futuristischen Bauwerkes findet sich Einmaliges: Nach → *Petroleum* und Gaslicht erhielt der Turm bereits 1925 ein elektrisches → *Feuer*. Seit 1942 wird es durch die Seezeichenschaltstelle → *Bremerhaven* ferngeschaltet und überwacht. Das „Minarett" war damit eines der ersten automatischen Schiffahrtszeichen an der → *Weser.* Früher konnten die Bremerhavener den Turm bis zur → *Galerie* besteigen. Im Inflationsjahr 1924 kostete der Ausblick fünf Millionen Mark. 1993 hat das → *Wasser- und Schiffahrtsamt* den Turm etwas versetzt und zudem um 3 Meter erhöht.

Brennpunkt, Brennweite Die Entfernung vom Mittelpunkt der Lichtquelle, die im Brennpunkt zur Optik steht, bis zu dem Punkt, wo die Lichtstrahlen zum ersten Mal gebrochen werden, waagerecht gemessen, bezeichnet man als Brennweite. Hierbei ist zu bemerken, daß der mittlere Lichtstrahl, der senkrecht zur Glasfläche steht, ungebrochen durch die Linse hindurchtritt. Alle anderen Strahlen werden zweimal gebrochen, nämlich bei Eintritt und Austritt aus dem Glas.

Auch Bremen bietet einen architektonisch interessanten Leuchtturm. Dieser wird im Seezeichenverzeichnis unter Nr. 18150, Überseehafen-Süd, geführt. Das Bauwerk ist 12 Meter hoch, und seine Feuerhöhe beträgt 14 Meter.

In Bremerhaven steht seit 1893 das utopisch anmutende Bremerhaven Unterfeuer (oben links), das zusammen mit dem Bremerhaven Oberfeuer eine Richtfeuerlinie bildet. Der eigenwillige Leuchtturmbau wird in der Stadt an der Weser auch „Minarett" und „Zwiebelturm" genannt.

Im neugotischen Stil errichtet, steht, nur einen Steinwurf vom Unterfeuer entfernt, das Bremerhaven Oberfeuer. Der von Simon Loschen entworfene 38 Meter hohe Leuchtturm ist seit 1855 in Betrieb. Er gilt als eines der schönsten Bauwerke an der Wesermündung und wird in Erinnerung an seinen Architekten auch Simon-Loschen-Turm genannt.

Brennstoffe und die im deutschen → *Seezeichenwesen* benutzten → *Lichtquellen.* Ab 1200 → *Blüse* mit Holzfeuer, 1306 Leuchtfeuerkerze, 1610 → *Blüse* mit Kohlenfeuer, 1624 → *Rüböl*-Dochtlampe, 1868 → *Argand-Lampe mit* → *Petroleum, 1880* Argand-Lampe mit Ölgas, 1887 → *Bogenlampe,* 1890 Bourdelle-Dauerlampe mit Petroleum, 1896 Glühlampe, 1897 Auer-Glühlicht mit Petroleum oder Gas, 1898 Acetylen-Flachbrenner, 1900 Wigham-Dauerlampe mit Petroleum, 1960 → *Xenon-Hochdrucklampe,* 1960 Natriumdampf-Niederdrucklampe, 1970 Halogen-Glühlampe, 1975 Quecksilberdampf-Hochdrucklampe, 1980 Halogen-Metalldampflampe.

Brinkamahof → *Weddewarden Unterfeuer*

Brustat-Naval, Fritz ist einer der bekanntesten deutschen Seefahrtsautoren. Er ist noch auf Rahseglern um Kap Hoorn gefahren und lernte als Kapitän auf großer Fahrt alle Weltmeere kennen. Der studierte Politologe bereiste nicht nur das China Mao Tse-tungs, sondern war auch anläßlich der Windjammerparade von 1972, die als Rahmenprogramm der Olympischen Spiele vor Kiel stattfand, als Berater des Bundespräsidenten eingesetzt. Lange davor war Brustat-Naval Kapitän auf einem → *Feuerschiff.* In seinem Sachbuch „Lichter über dem Meer" erzählt er sehr eindrucksvoll von dieser Zeit und schildert Episoden aus dem deutschen → *Seezeichenwesen.*

Buk Der kleine Leuchtturm Buk bei Bastorf/Mecklenburg-Vorpommern ist der topographisch höchstgelegene in Deutschland. Sein Licht erreicht eine → *Feuerhöhe* von 95 Metern mit einer → *Tragweite* von 24 → *Seemeilen* und warnt u. a. vor den Untiefen der Wismarbucht. Der Berg, auf dem der Leuchtturm steht, ist 78 Meter hoch. Von ihm hat man einen herrlichen Blick auf das Seebad Kühlungborn. Von 1877 bis 1878 sind der 21 Meter hohe Turm und das Wohngehöft für die → *Leuchtfeuerwärter* aus roten Ziegelsteinen gebaut worden. Am 1. Dezember 1878 zeigte der Leuchtturm zum ersten Mal sein Licht. Die damalige → *Lichtquelle* war ein Petroleumdochtfeuer. Buk wurde 1922 als eines der ersten → *Leuchtfeuer* an der deutschen Ostseeküste elektrifiziert. Einige Jahre später erhielt der Turm einen roten Anstrich und kurz nach 1930 einen 4 Meter breiten weißen Streifen. Der → *Seehydrographische Dienst (SHD)* der DDR automatisierte 1978 die Leuchtfeuereinrichtung. Zwischen 1991 und

1999 erfolgte in mehreren Abschnitten die Sanierung des Turmes und der Leuchtfeuerwärterbehausung unter Berücksichtigung der Auflagen des Denkmalschutzes. Im Auftrag des → *Wasser- und Schiffahrtsamtes* Lübeck wurden der alte rote Anstrich und der weiße Streifen entfernt und ca. 50 000 Ziegelsteine erneuert. Die gesamte Bausubstanz konnte nicht erhalten werden, kleine Anbauten wurden entfernt, doch die Charakteristik des Ensembles konnte bewahrt werden. In dem renovierten Leuchtfeuerwärtergehöft sind vier Ferienwohnungen für das Sozialwerk der Bundesverkehrsverwaltung entstanden. Im → *Brennpunkt* der alten → *Fresnel-Linse* mit 16 Sektorenfeldern brennt heute eine Halogenmetalldampflampe mit einer Lichtstärke von ca. 1,2 Millionen → *Candela*.

Bülk Im Übergangsbereich der Kieler Förde zur Kieler Bucht steht nördlich von Strande ein Leuchtturm, dessen Bauzeit in einen markanten Abschnitt deutsch-dänischer Geschichte fällt. Unter dänischer Herrschaft soll an der Bülker Huk 1807 ein kombiniertes Lotsen- und Leuchtfeuerhaus gebaut worden sein. 1863 begannen unter dänischer Aufsicht auf dem Huk die Arbeiten für einen neuen Leuchtturm, doch diese wurden 1864 vom deutsch-dänischen Krieg unterbrochen. Nach der Niederlage bei Düppeln am 18. April tritt Dänemark Schleswig-Holstein und das Herzogtum Lauenburg an Preußen und Österreich zur gemeinsamen Verwaltung ab. Unter preußischer Regentschaft wird das Bauwerk vollendet, und der Leuchtturm Bülk zeigt seit 1865 sein Licht, heute ein → *Leitfeuer* und → *Quermarkenfeuer* mit einer → *Feuerhöhe* von 29 Metern. Die → *Laterne* war anfangs mit einer → *Gürtellinse* von einem Meter Durchmesser ausgestattet. 1910 folgte eine → *Scheinwerferlinse* und 1970 wieder eine Gürtellinse. Eine gründliche Modernisierung mit dem Anschluß an die Fernüberwachung erfolgte 1970. Dabei verlor das Bauwerk nicht nur den Charme eines alten Leuchtturms, sondern auch zwei Meter seiner ursprünglichen Höhe und das 1889 aufgemalte rote Band. Gegenwärtig ist der Turmschaft mit Zementplatten verkleidet, und die Laterne besitzt nun nach innen gewinkelte Scheiben, damit sich an ihnen kein Schnee halten kann. Der Turm kann in den Sommermonaten bestiegen werden.

Büsum 1878 wurde auf dem Deich des alten Hafenteils ein Holzhäuschen mit hißbarer → *Laterne* errichtet. Von einem Leuchtturm konnte noch nicht die Rede sein. In dieser Zeit kommt der aus Rath bei Düsseldorf stammende Ingenieur Max Gehre in die Nordseestadt, in der er von Wind und Wellen zu zwei bewundernswerten Erfindungen inspiriert wird. Gehre konstruierte u. a. eine Leuchttonne, in der durch das Auf und Ab der Wellenbewegung ein sogenannter Schwiegermutterstrom für die Laterne erzeugt wurde. Den Höhepunkt von Gehres Schaffen in Büsum stellt aber um 1900 ein 30 Meter hohes Eisengerüst als Leuchtturm dar, auf dem ein Windrad Strom für ein → *Leuchtfeuer* erzeugte. Bei der zuständigen Behörde fand der mit Windenergie betriebene Leuchtturm, wie auch die Leuchttonne, keine Anerkennung. Beide Konstruktionen wurden nicht patentiert. Zudem gab und gibt es in Büsum windstille Tage. So übernahm 1902 das alte → *Feuer* auf dem Deich wieder seine Aufgabe, doch wurde es dem gestiegenen Schiffahrtsverkehr nicht mehr gerecht. Gebaut wurde der Leuchtturm Büsum von 1912 bis 1913 von der → *Isselburger Hütte* in bewährter Plattentechnik aus Gußeisen, wie zum Beispiel der Leuchtturm → *Westerheversand.* Die Laterne von 3 Meter Durchmesser wurde im Spätsommer 1913 auf die obere Plattform des 18 Meter hohen Turmschaftes gestellt. Die Leuchte, eine → *Gürtellinse* von 700 Millimeter → *Brennweite* für den Leitsektor Süderpiep und 400 Millimeter für die anderen → *Sektoren,* erreicht heute eine → *Tragweite* von maximal 14 und 21 → *Seemeilen.* Bauwerk und → *Feuerhöhe* betragen 21 Meter. Das Leuchtfeuer wurde von Anfang an elektrisch betrieben. Bis auf die Modernisierung des Glühlichtes und den heutigen Außenanstrich blieb der Leuchtturm im Laufe der Jahre unverändert. Sein Standort auf dem → *Tonnenhof,* umgeben von den roten, grünen und gelben → *Seezeichen*, vermittelt dem Betrachter anschaulich das Zusammenwirken von Leuchtfeuern und -tonnen für die Sicherung des → *Fahrwassers* vor dem Büsumer Hafen.

Büsums erster Leuchtturm war das unbewachte Fischerfeuer (oben links). Das einfache Leuchtfeuer wurde 1913 aus dem Leuchtfeuerverzeichnis gestrichen. Die Abbildung zeigt im Hintergrund bereits den Leuchtturm, der heute noch in Betrieb ist.

Der Leuchtturm Büsum gehört zu den Eisenbauten der Isselburger Hütte und wurde von 1912 bis 1913 errichtet.

Ein fast vergessenes Kapitel deutscher Seezeichengeschichte schrieb Max Gehre in Büsum. Der aus Rath bei Düsseldorf stammende Ingenieur erfand eine Leuchttonne, die durch Wellenbewegungen den Strom für das Feuer erzeugte. Seine bemerkenswerteste Leistung war aber ein Leuchtturm, in dem mit Windkraft ein Gewicht hochgezogen wurde, das nachts beim langsamen Heruntersinken den Strom für das Leuchtfeuer erzeugte. Beide Konstruktionen fanden nicht die Zustimmung der Behörden.

C

Caisson Auch Senkkasten genannt. Nach unten offener Kasten aus Stahl oder Stahlbeton, der für Arbeiten im Wasser oder Grundwasser verwendet wird. Nach Absenken des Caissons wird mittels Druckluft das Wasser aus dem Hohlraum gepreßt. Das Innere des Caissons wird dann zum Arbeitsraum, der mit der Außenwelt durch eine Luftschleuse verbunden ist. Durch diese Technik können Fundamente für Brückenpfeiler oder Leuchttürme gebaut werden.

Campen Wie ein klassischer Leuchtturm sieht er nicht aus, der große Gitterturm von Campen an der Unterems, doch seine Daten sind beeindruckend. Er ist mit 65,3 Metern Deutschlands höchster Leuchtturmbau. In seiner → *Laterne* brennt ein vom → *Seezeichenversuchsfeld* in Koblenz entwickeltes → *Präzisionssektorenfeuer* mit einer Lichtstärke von 4 500 000 → *Candela*. Zum Vergleich: Ein Autoscheinwerfer hat ca. 1500 Candela, der Leuchtturm → *Westerheversand* 183 000 Candela. Mit 320 ist die Zahl der Stufen bis zur Aussichtsgalerie angegeben. Zahlreiche der jährlich ca. 14 000 Besucher werden sie als schweißtreibendes Hindernis vor dem Genuß des schönen Rundblicks über die Landschaft an der → *Ems* empfunden haben. Das Bauwerk ist aus Gründen der Gewichtsverteilung im wäßrigen Marschboden eine dreibeinige Stahlfachwerkkonstruktion. In der Mitte, zwischen den roten Stützen, ist ein ummantelter zylindrischer Treppenschacht gebaut. Für den Grundriß der Laterne mit einer → *Feuerhöhe* von 62 Metern wählten die Ingenieure ein gleichseitiges Dreieck mit nach außen gebogenen Seiten. Von der Gutehoffnungshütte aus Oberhausen wurde der eiserne Turm von 1889 bis 1890 errichtet. Die ungewöhnliche Höhe des Leuchtturms Campen sowie das über 30 → *Seemeilen* weitreichende → *Leuchtfeuer* sind Voraussetzungen, um Schiffe von und bis Borkum durch das Randzelgat und das Dukegat in die Unterems zu führen. Natürlich war das erste Feuer von 1890 (eine Doppellinse) nicht so leistungsstark wie das heutige Präzisionssektorenfeuer, doch reichte es bei guter Sicht schon bis Borkum. Wegen seines gelben Lichtscheins wurde es als „Mond von Kampen" bezeichnet. Damals wurde der Ortsname noch mit „K" geschrieben. Um jedoch Verwechslungen mit → *Kampen* auf → *Sylt* auszuschließen, hat sich die Schreibweise mit „C" durchgesetzt.

Der Leuchtturm Campen an der Unterems ist mit 65,3 Metern Deutschlands höchster Leuchtturmbau. In der Mittelröhre führen 320 Stufen zu seiner Laterne mit einer für Besucher freigegebenen Galerie.

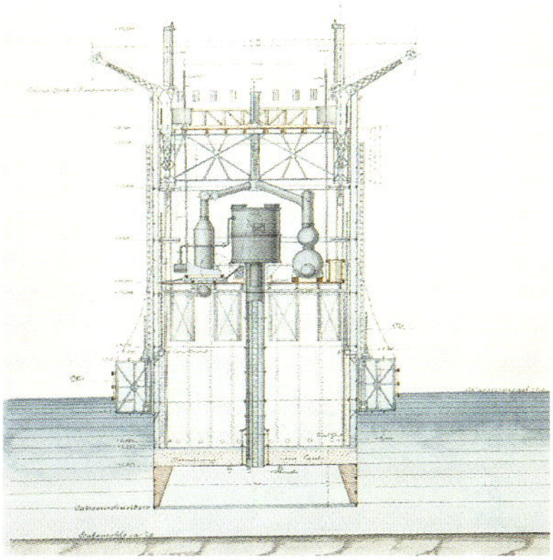

Die Funktionsweise eines Caisson (Senkkasten) zeigt die historische Zeichnung zum Bau des Leuchtturms Roter Sand in der Wesermündung. Nach dem Prinzip der Taucherglocke wurde aus einem nach unten offenen Zylinder mit Druckluft das Wasser herausgepreßt, so daß auf dem Meeresgrund im Trocknen gearbeitet werden konnte. Diese nicht ganz ungefährliche Methode führte in Amerika zur Entdeckung der Caisson- oder Taucherkrankheit, die dann auftritt, wenn Menschen zu schnell vom Überdruck zum Normaldruck wechseln.

Candela Die Candela ist seit 1940 Maßeinheit der Lichtstärke in einer bestimmten Richtung einer Strahlungsquelle (Abk.: cd). Ein Autoscheinwerfer hat ungefähr 1500 cd, der Leuchtturm → *Westerheversand* 183 000 cd. An sich würden zur physikalischen Messung des Lichts keine besonderen Einheiten benötigt, da Licht ja nichts anderes als elektromagnetische Strahlung ist und in den bereits bekannten Einheiten gemessen werden kann. Wegen der zentralen Bedeutung des menschlichen Sehsinns ist man jedoch übereingekommen, für die subjektive Wirkung des Lichts auf das menschliche Auge eigene Einheiten zu definieren.

Cordouan Am Golf von Biskaya, im Mündungstrichter der Gironde, entstand auf der Insel Cordouan von 1584 bis 1611 der prachtvollste Leuchtturmbau in der maritimen Geschichte. Architekt war Louis de Foix, der auch am Escorial bei Madrid mitgearbeitet haben soll. Nicht nur durch seine glanzvolle Architektur ist der Leuchtturm Cordouan ein Seemeilenstein. In seiner → *Laterne* brannte 1791 erstmals ein → *Leuchtfeuer* mit → *Argand-Lampen* und Parabolspiegeln. Auch die erste → *Fresnel-Linse* der Welt bekam auf dem Leuchtturm Cordouan einen Standort. Heute zeigt nur noch der untere Turmschaft die glanzvolle Renaissancearchitektur. 1790 war ein neuer Aufbau nötig geworden, und dieser zeigt schon die Formensprache einer zweckmäßigen Architektur. Der Turm ist knapp 68 Meter hoch und steht in einem runden, burghofartigen Unterbau, mit einem Durchmesser von 41 Metern. An der Innenseite der mächtigen Umfassungsmauer sind die Gebäude für die → *Leuchtfeuerwärter* mit Werkstätten und Lagerräumen positioniert. Bereits im 11. Jahrhundert sollen Mönche auf der Insel Cordouan ein → *Feuer* betrieben haben. Um 1360 entstand ein fester Turm, auf dem in der Nacht ein offenes Feuer gebrannt haben soll. Dieser mittelalterliche Turm ist durch den Prachtbau von Louis de Foix ersetzt worden, der übrigens die Vollendung seines Bauwerks nicht mehr erlebte. Der schwermütig gewordene Architekt verschwand 1602 spurlos.

Cuxhaven Maritime Stadt an der Elbmündung in Niedersachsen. Sie verfügt u. a. über Werften, Fischereihafen, → *Wasser- und Schifffahrtsamt* mit Bauhof, Anlegebrücken für den Seebäderverkehr und für Passagierschiffe. Letztere laufen Cuxhaven aber nicht mehr so oft an wie in früheren Zeiten.

Cordouan: die Abbildung zeigt das prachtvolle Bauwerk vor seiner Erhöhung im Jahre 1790.

Historische Postkarte des Leuchtturms Cuxhaven. Die Aufnahme entstand bei einer Sturmflut mit einem bis zum Leuchtturm reichenden Wasserstand.

Die Kugelbake gilt als Wahrzeichen von Cuxhaven. Sie ist auch im Cuxhavener Wappen enthalten.

Der Leuchtturm Cuxhaven ist 1803 bis 1804 erbaut worden. Seine Bauwerkshöhe beträgt 23 Meter. Der Leuchtturm ist nicht mehr in Betrieb.

An → *Seezeichen* findet man in Cuxhaven außer → *Tonnen* und Hafenfeuern die berühmte Kugelbake, den Leuchtturm in der Nähe der „Alten Liebe“ und einen kleinen Leuchtturm auf dem Steubenhöft. Über der Eingangstür des dienstältesten Leuchtturms in Deutschland steht in Sandstein gemeißelt: NAUTIS SIGNUM SIBI MONUMENTUM EREXIT RES PUBLICA HAMBURGENSIS AO. MDCCCIII. Die Übersetzung lautet: Den Seefahrern zum Zeichen, sich selbst zum Denkmal, vom Staat Hamburg im Jahre 1803 erbaut. Zu seiner Geschichte: Bei einem schweren Unwetter in der Nacht vom 2. zum 3. November 1801 stürzte unweit der „Alten Liebe“ bei Cuxhaven die schon baufällige 39 Meter hohe Ros-Bake in sich zusammen. Die Hamburger Admiralität, deren maritime Interessen bis weit in die → *Deutsche Bucht* reichten, verzichtete auf einen Neubau der → *Bake* und ließen statt dessen einen Leuchtturm bauen. Vier Entwürfe wurden der Admiralität vorgelegt, die sich für einen erstaunlich schlichten Bau entschied. Der Leuchtturm Cuxhaven wurde von 1803 bis 1804 erbaut und am 15. November 1905 gezündet. Er ist der älteste Leuchtturm an der → *Elbe*. Der Turm hat eine Höhe von 23 Meter und eine → *Feuerhöhe* von 24 Metern. Sein → *Leuchtfeuer* wurde am 7. Mai 2001 gelöscht, nachdem es über 195 Jahre in Betrieb war. Während dieser langen Zeit kamen natürlich besonders viele leuchtfeuertechnische Einrichtungen im Turm zum Einsatz. Sie alle ausführlich zu beschreiben, würde diesen Rahmen sprengen, aber sie sollen hier kurz aufgezählt werden: 1805: 7 → *Argand-Lampen* (später 9) mit Parabolspiegeln (→ *Reverberen*), → *Rüböl*, → *Festes Feuer*; 1853: 1. Sektorenfeuer an der deutschen Nordseeküste, → *Blinkfeuer*, ca. 30° breit, Bleche wurden durch Gewichtsuhrwerk gehoben und gesenkt; 1861 bis 1897: Nebenfeuer aus einem Fenster in 6 Meter Höhe nach NO; 1897: Aufstellung von zwei Glasoptiken mit einer → *Brennweite* von 187,5 Millimetern, 2 Leitsektoren; 1905: Gasglühlicht, → *Umlaufblenden*, Gewichtsuhrwerk; 1912: → *Petroleum-Glühlicht*, → *Otterblenden* mit Antrieb durch Elektromagnete; 1926: elektrische → *Bogenlampe*; 1937: elektrisches Glühlicht.

D

Dagebüll, alter Turm Vielen Reisenden zu den Inseln → *Amrum* und → *Föhr* an der Westküste Schleswig-Holsteins fällt am Ortsrand des Fährhafens Dagebüll ein kleiner Ziegelsteinturm auf, der auf den ersten Blick nicht als Leuchtturm zu erkennen ist. Der Sockel ist aus Feldstein. Der schlanke eckige Turm und das spitze Dach erinnern eher an den Turm einer kleine Kirche. Trotzdem besitzt das Bauwerk eine maritime Vergangenheit. Der Leuchtturm wurde 1929 als → *Unterfeuer* der → *Richtfeuerlinie* Dagebüll gebaut und besitzt seit 1980 eine Bauwerkhöhe von 15 Metern mit einer → *Feuerhöhe* von 10 Metern. Nach der Errichtung einer neuen Richtfeuerlinie wurde 1988 das Feuer auf dem Ziegelsteinturm gelöscht.

Dahmeshöved Zwischen → *Travemünde* und → *Fehmarn*, noch präziser: zwischen den Badeorten Dahme und Kellenhusen, steht der Leuchtturm Dahmeshöved. Ließen sich in Norddeutschland natürliche Höhen mit den nautischen Aufgaben eines geplanten Leuchtturms vereinbaren, wurden diese auf Bergen, Hügeln oder Dünen gebaut. Die so erreichten → *Feuerhöhen* verbesserten die → *Sichtweiten* des Lichtes. Auch der Leuchtturm Dahmeshöved und ein nicht mehr genutzter Marine-Beobachtungsturm stehen auf einer Höhe, einer Höved, wie es aus dänischer Zeit stammend heißt. Heute erkennt man kaum noch die exponierte Lage der Höved, doch im November 1872 war dies anders. Die ganze Lübecker Bucht war von einer verheerenden Sturmflut heimgesucht worden. Menschen und Tiere ertranken, Häuser stürzten ein, Land wurde weggespült, und wer Glück hatte, konnte sich auf eine der Höveden retten, die wie Inseln aus dem tobenden Wasser ragten, so auch jener erhöhte Landvorsprung, auf dem heute der Leuchtturm steht. 1878 begannen die Bauarbeiten am achteckigen Ziegelsteinturm, dem ein dreistöckiges Dienst- und Wohngebäude angeschlossen war. 1880 nahm Dahmeshöved mit Petroleumlicht in einer → *Fresnel-Linse* den Betrieb auf. Ein paar Jahre später erfolgte die Umstellung auf Gaslicht. Die Elektrifizierung ist nach dem Ersten Weltkrieg ausgeführt worden, danach veränderte sich auch das Äußere: Der Turm bekam auf seine Ziegelsteinmauern einen roten Farbanstrich mit einem breiten, weißen Ring. Der kleine Turm wurde 1939 gebaut. Von ihm aus wurden Bucht und Luftraum der

Region überwacht. Seit 1978 wird der Leuchtturm ferngesteuert. Der rote Farbanstrich und der weiße Ring sind 1982 wieder entfernt worden. Von dem Gebäude- und Turmensemble Dahmeshöved hat nur noch der Leuchtturm seine angestammte Funktion. Das Blitzgruppenfeuer mit einer Feuerhöhe von 33 Metern hat eine → *Tragweite* von 23 → *Seemeilen*. Der Leuchtturm ist 29 Meter hoch. Der 1939 gebaute Beobachtungsturm sowie das Geräte- und Wohnhaus werden heute privat genutzt.

Dalén, Nils Gustaf (1869 bis 1937) Der Schwede Nils Gustaf Dalén machte zahlreiche Erfindungen, die mit Gas zu tun hatten und für → *Leuchtfeuer* eingesetzt wurden (z. B. das → *Sonnenventil*). Er war Direktor der „Aktiengesellschaft für Gasaccumulatoren“ (AGA) und wurde 1912 für seine Verdienste mit dem Nobelpreis für Physik ausgezeichnet. Bei einem seiner Versuche kam es wegen eines defekten Ventils zur Explosion, und er verlor sein Augenlicht.

Dänemark → *Keldsnor* → *Rubjerg Knude* → *Skagen*

Darßer Ort Im Lauf der Jahrhunderte hat sich östlich von Rostock durch angespülten Sand die Halbinsel Fischland-Darß-Zingst gebildet, deren Spitze Darßer Ort genannt wird und die weit in die → *Ostsee* hineinragt. Für die Schiffahrt also ein gefährlicher Ort, besonders in der Zeit, als man noch überwiegend Wind zum Antrieb der Schiffe nutzte. Fehlende Orientierungspunkte in der flachen Küstenlandschaft, unberechenbare Veränderungen des Meeresbodens und starke Strömungen bildeten die Ursache für zahlreiche Strandungen am Darßer Ort bis zur Mitte des 19. Jahrhunderts. Verständlich, daß die Forderung nach einem Leuchtturm auf der Landspitze schon früh erhoben wurde. Doch erst 1839 plante man, aus Sparsamkeitsgründen, einen Turm mit nur 12 Meter → *Feuerhöhe*. Letztendlich setzten sich aber die Argumente für einen großen Leuchtturmbau durch. Am 1. Januar 1849 wurde das → *Leuchtfeuer* zum ersten Mal gezündet. „Das Licht beleuchtet den ganzen Horizont und dient den Schiffern, welche das Licht von → *Kap Arkona* östlich aus dem Auge verlieren und sich dem Strand nähern, die Landspitze vom Darßer Ort deutlich zu bezeichnen“, hieß es in einer damaligen amtlichen → *Bekanntmachung*. Auf einer unteren Ebene im Turmschaft brannte zudem noch ein → *festes Feuer*, das zusammen mit der Gedser See-

Ein Feld der Scheinwerferoptik vom Leuchtturm Darßer Ort

Leuchtturm Darßer Ort an der Küste Mecklenburg-Vorpommerns: Das Bauwerk ist 35 Meter hoch, seine Feuerhöhe beträgt 33 Meter. Der Turm wurde am 1. Januar 1849 in Betrieb genommen und steht in einem landschaftlich sehr schönen Gebiet.

Leuchtturm Dahmeshöved, 1878 bis 1879 erbaut, 29 Meter hoch. Im Vordergrund ein 1939 erbauter Beobachtungsturm (links).

leuchte an der dänischen Küste die Durchfahrt zwischen den Sandbänken am Darßer Ort und dem Steinriff Tredelen markierte. Dieses → *Feuer* hatte keinen bedeutenden Nutzeffekt und wurde 1911 gelöscht. Das Fenster ist heute noch im unteren Turmschaft zu sehen. Viele Besucher steigen bis zur → *Galerie* des Leuchtturm hinauf, um die schönen Landschaften des Darß aus der Vogelperspektive bewundern zu können. Deutlich sind die Spuren einer gründlichen Renovierung von 1989 bis 1990 im Mauerwerk des Leuchtturms zu sehen. Die Bauwerkhöhe beträgt 35 Meter, und die Scheinwerferoptik zeigt aus 33 Meter Feuerhöhe von → *Blitzfeuer* mit verschiedenen Gruppen und einer → *Tragweite* von 20 → *Seemeilen.* An der → *Fresnel-Linse,* einer Scheinwerferoptik, sind die oberen und unteren Prismenelemente 1938 entfernt worden. Der Leuchtturm Darßer Ort ist der dienstälteste Leuchtturm an der Deutschen Ostseeküste.

„Das Feuerschiff“ Siegfried Lenz’ gleichnamige Erzählung erschien 1960. Drei flüchtige Verbrecher gelangen als Schiffbrüchige in der → *Ostsee* auf ein → *Feuerschiff.* An Bord erringen sie mit Waffengewalt die Oberhand über das Schiff und terrorisieren die Besatzung. Der seiner Verantwortung bewußte Kapitän leistet anfangs nur passiven Widerstand, verhindert jedoch unter Einsatz seines Lebens, daß die Verbrecher mit dem Feuerschiff fliehen und somit die Schiffahrt gefährden können. Die Erzählung wurde mehrmals verfilmt. In einer amerikanischen Produktion von 1984 bildete das heute in Lübeck liegende Feuerschiff „Fehmarnbelt“ die Kulisse. Trotz der Starbesetzung mit Klaus Maria Brandauer als Feuerschiff-Kapitän und Oscar-Preisträger Robert Duvall als Gangsterchef Doktor Caspary lief der Film nur kurz und in wenigen Kinos. Erfolgreicher war die deutsche Schwarzweiß-Verfilmung aus dem Jahr 1962. Unter der Regie von Ladislaus Vajda standen sich James Robertson-Justice als Kapitän und Helmut Wildt als Doktor Caspary gegenüber.

Deutsche Bucht Die südlichste Bucht der → *Nordsee*, deren innerer Teil Helgoländer Bucht genannt wird. Das Seegebiet der Deutschen Bucht reicht von Hvidesande (Dänemark) bis zur Doggerbank, von der Doggerbank bis nach Texel (Niederlande).

Deutsches Schiffahrtsmuseum Seit 1975 können Museumsbesucher in → *Bremerhaven* zwischen Weserdeich und altem Hafen im Deutschen Schiffahrtsmuseum, dem nationalen Forschungsinstitut für Schiffahrtsgeschichte der Bundesrepublik Deutschland, Schiffahrt pur erleben. Die auf der → *Weser* vorüberziehenden Schiffe, die Leuchttürme in unmittelbarer Nähe und die im Alten Hafen liegende Museumsflotte mit der hölzernen Bark „Seute Deern“, dem ersten deutschen Polarforschungsschiff „Grönland“ oder dem Walfangdampfer „Rau IX“ stimmen auf die Ausstellung im Museumsgebäude ein. Zentrales Großobjekt in dem von Hans Scharoun entworfenen Hauptgebäude ist die Bremer Hansekogge von 1380, die seit dem Frühjahr 2000 nach langjähriger Rekonstruktion und Konservierung erstmals in ihrer ganzen Pracht zu bestaunen ist. Um das wichtigste Handelsschiff der Hansezeit wird auf mehreren Ebenen die Entwicklung der Schiffahrt in Nordeuropa von vor- und frühgeschichtlicher Zeit bis zum Ausgang des → *Mittelalters* gezeigt. Prächtige Schiffsmodelle, eine umfangreiche Sammlung von Schiffsbildern und Seestücken sowie eine Vielzahl sehenswerter Originale von Einrichtungsgegenständen der Schiffe bis hin zu Besitzstücken von Reedern und Seeleuten vermitteln ein Bild der Seefahrt von der Frühen Neuzeit bis zur Gegenwart. Als ein unverändert wichtiger Aspekt der Schiffahrt wird auch die Entwicklung der Navigation und des → *Seezeichenwesens* dargestellt, so durch die → *Optik* des Leuchtturms → *Hohe Weg* von 1855/56 in Sichtweite des → *Bremerhaven Oberfeuer* (Simon-Loschen-Turm) von 1854/55 und des „Minaretts“ oder „Zwiebelturms“ → *Bremerhaven Unterfeuer* von 1893. Diese Thematik findet ihre Fortsetzung im Freilichtbereich mit dem → *Feuerschiff* „Elbe 3“, der → *Laterne* des Feuerschiffs „Fehmarnbelt“ und anderen → *Seezeichen.* In dem am 31. Mai 2000 eröffneten Erweiterungsbau sind die Gezeiten mit ihrem Einfluß auf die Schiffahrt, die Geschichte der deutschen Polar- und Meeresforschung, die Entwicklung der See- und Hochseefischerei sowie der Walfang in eigenen Abteilungen ebenso Thema wie die Entwicklung des Rettungswesens oder der traditionelle und moderne Bootsbau. Herzstück der Abteilung Moderne Navigation ist die voll funktionsfähige Brücke eines Frachters aus dem Beginn der 1960er Jahre, auf der man sich mit Blick auf die → *Außenweser* als Kapitän fühlen kann. Das Nationalmuseum, das seit seiner Eröffnung mehr als acht Millionen Besucher angezogen hat, bietet seinen Gästen vielfältige Möglichkeiten, selbst aktiv zu werden. Beispielsweise können am Miniport Schiffsmodelle gesteuert werden, und auf schwankendem Boden kann starker Seegang erfahren werden. Wer angesichts der vielfältigen Eindrücke eine Ruhepause benötigt, kann im Museumscafé oder in stilvoller Umgebung im Restaurant an Bord der „Seute Deern" neue Kräfte sammeln. Ein Besuch im Museumsshop bietet die Möglichkeit, sich mit Schiffahrtsliteratur einzudecken oder mit dem Erwerb maritimer Souvenirs die Erinnerung an erlebte Schiffahrtsgeschichte über den Besuch im Museum hinaus wachzuhalten.

Diopter → *Fresnel-Linse*

Dioptrisches System ist ein veralteter Ausdruck für das Linsensystem, bei dem man lichtbrechende Glaselemente zur Bündelung der Lichtstrahlen verwendete.

Doppelung Prinzip im Schiffahrtszeichenwesen, wichtige Teilsysteme mehrfach anzuordnen, um den ununterbrochenen Betrieb des Schiffahrtszeichens zu gewährleisten.

Dornbusch 1888 wurde der Leuchtturm Dornbusch auf der Insel → *Hiddensee* in Betrieb genommen, um mit seinem → *Leuchtfeuer* das dunkle Loch zwischen → *Darßer Ort* und Kap Arkona zu schließen. Der 27,5 Meter hohe Turm erreicht durch seinen Standort auf dem Hügel Schluckswiek eine → *Feuerhöhe* von 95 Metern, die zweithöchste in Mecklenburg-Vorpommern. Zuerst schuf man auf dem 72 Meter hohen Hügel einen zwölfeckigen Sockel und den Eingangsbereich. Darauf entstand ein runder Turmschaft aus hellem Mauerwerk mit 13 Zwischenringen aus dunklen Steinen. Schon drei Jahre nach der Inbetriebnahme des Leuchtfeuers zeigte der Turm starke Verwitterungserscheinungen am Mauerwerk. Immer wieder waren Ausbesserungsarbeiten notwendig. Mitte der 20er Jahre befand sich das Mauerwerk in einem dermaßen desolaten Zustand, daß der Bau eines neuen Leuchtturms auf dem → *Bakenberg* in Betracht gezogen wurde. Die Verantwortlichen entschieden jedoch, den Leuchtturm mit einer zwölfeckigen Stahlbetonummantelung zu stabilisieren. 1926 war die Sanierung abgeschlossen. Am 1. Mai 1927 erhielt Hiddensee elektrisches Licht und im gleichen Jahr auch der Leuchtturm Dornbusch. Ende der 70er Jahre begann der → *Seehydrographische Dienst* die Leuchtfeuer der DDR zu automatisieren. Alle → *Leuchtfeuerwärter* bekamen neue Aufgaben

Leuchtturm Dornbusch auf der Insel Hiddensee, 1888 erbaut, 27,5 Meter hoch

Feuerschiff Fehmarnbelt: Dieses Feuerschiff diente als Kulisse für die Aufnahmen zu dem Film „Das Feuerschiff“ nach der Erzählung von Siegfried Lenz.

Gewichtsantrieb für ein Drehfeuer. Dieses Gewichtsuhrwerk diente früher als Antrieb der Optik auf dem Leuchtturm Amrum. Diese Aufgabe hat ein Elektromotor übernommen. Das Gewichtsuhrwerk ist aber noch vorhanden und trotz seines Alters von 127 Jahren voll funktionsfähig.

zugeteilt. Lediglich der Leuchtturm Dornbusch blieb wegen seines entlegenen Standorts und der dort vorhandenen Gebäude besetzt. 37 Jahre verrichtete ein Leuchtfeuerwärter-Ehepaar seinen Dienst auf dem Dornbusch. Frau Ingeborg Hoerenz war die erste und letzte Leuchtfeuerwärterin an der Küste der DDR. Sie übte ihren Beruf bis 1990 aus. Ihr Ehemann Walter betreute den Leuchtturm noch bis 1998. Die große → *Fresnel-Linse* zeigt heute ein → *Blinkfeuer* mit einer → *Tragweite* von 21 → *Seemeilen*. Erst 1994 erhielt der Turm seinen weißen Anstrich, und seit dem 2. September 1996 kann er wieder von Besuchern bestiegen werden. Da auf dem Dornbusch eine ARD-Wetterstation eingerichtet wurde, ist der weiße Leuchtturm des öfteren hinter dem Meteorologen im Fernsehen zu sehen.

Drehfeuer Um eine → *Lichtquelle* rotierende → *Fresnel-Linse*. Die Anzahl der Linsenfelder bestimmt die → *Kennung*. Auch sich drehende Parabolspiegel oder Scheinwerfer werden als Drehfeuer bezeichnet.

Eckernförde, altes Leuchtfeuer Wird in Eckernförde vom alten Leuchtfeuer oder vom alten Leuchtfeuerhaus gesprochen, hält ein Ortsunkundiger vergeblich Ausschau nach einem „alten" Turm, wie er etwa in → *Travemünde* zu finden ist. Der „alte" Turm in Eckernförde ist ein mehrstöckiges, vierkantiges Gebäude mit einer breiten Fensterfront, hinter der einmal das → *Leuchtfeuer* brannte. Am 1. Oktober 1986 erlangte das Leuchtfeuerhaus Aufmerksamkeit in den Medien: Der letzte → *Leuchtfeuerwärter* der alten Bundesrepublik verließ nach der → *Automatisierung* seines Arbeitsplatzes den Dienstposten in Eckernförde. Das 1907 am Klintbarg errichtete Gebäude löste ein Leuchtfeuer von 1887 ab. Als 1913 unterhalb des Leuchtfeuergebäudes eine Torpedo-Versuchsanstalt entstand, ergab sich eine ungünstige Konstellation: Das Leuchtfeuer vom Klintbarg weist nämlich durch ein Seegebiet, in dem die Torpedos getestet wurden. Pläne, ein neues → *Feuer* etwas weiter nördlich zu errichten, wurden aus Kostengründen aufgegeben, und so behalf man sich mit einem roten Warnsektor, der das Sperrgebiet kennzeichnete. Nach dem Zweiten Weltkrieg blieb die militärische Einrichtung erhalten und die Problematik bis zum Bau des neuen Leuchtturms bestehen. Das alte Leuchtfeuerhaus ist heute Ferienquartier für Bedienstete der Schiffahrtsverwaltung.

Eckernförde, Hafen Am Hafen steht ein stillgelegter kleiner Leuchtturm, der die Farben der Stadt (Blau und Gelb) trägt. Stillgelegte Leuchttürme dürfen nicht in den üblichen Farben des → *Seezeichenwesens*, also rot, weiß oder schwarz, gestrichen sein. Das in der Nähe stehende Denkmal vom Großen Kurfürsten stand seit 1913 vor dem Leuchtturm Pillau in Ostpreußen. Im Zweiten Weltkrieg gelangte das Denkmal in den Westen und wurde 1955 in der Patenstadt von Pillau, Eckernförde, auf einem neuen Sockel wieder aufgestellt.

Eckernförde, neuer Leuchtturm Im Oktober 1986 übernahm der neue Leuchtturm an der Berliner Straße die nautischen Aufgaben des Leuchtfeuergebäudes vom Klintbarg. Das an eine Zahnbürste erinnernde Bauwerk steht etwas weiter nördlich. Die Neuordnung der Leit- und Warnsektoren des → *Leuchtfeuers* berücksichtigt besser das Testgewässer der Torpedo-Versuchsanstalt. Der Turm ist 27 Meter hoch und hat eine → *Feuerhöhe* von 36 Metern. Der quadratische Stahlbetonbau trägt die → *Fresnel-Linse* vom alten Leuchtfeuerhaus.

Eckwarden-Oberfeuer Nordöstlich vom Leuchtturm → *Arngast* am Jadebusen steht das Eckwarden-Ober- und Unterfeuer. Das 37 Meter hohe → *Oberfeuer* ist eine interessante Eisenkonstruktion, bestehend aus einem vierbeinigen Unterbau mit einem roten Laternenhaus. Die → *Feuerhöhe* ist im → *Leuchtfeuerverzeichnis* mit 41 Metern registriert, das Eckwarden-Unterfeuer ist mit 15 Metern Feuerhöhe verzeichnet.

Eddystone Für das Ringen der Engländer, auf felsige Inseln und Klippen → *Leuchtfeuer* zu setzen, steht beispielhaft der Name eines Riffs: Eddystone. Dem kleinen, nur wenige Meter aus dem Meer ragenden Felsen, 14 → *Seemeilen* südwestlich von Plymouth, versuchten mehrmals Abenteurer und Kaufleute, aber auch Baumeister und Ingenieure, einen Leuchtturm aufzuzwingen. Seit 1698 wurden nacheinander fünf Leuchtturmbauten auf dem Felsen errichtet. Die ersten drei wurden Opfer von Sturm oder Feuer. Der berühmteste aller Eddystone-Leuchttürme ist der nach seinem Erbauer benannte Smeaton-Turm. Dieser Leuchtturm wurde 1759 als viertes Bauwerk vollendet und 1882 wieder abgetragen. Heute steht der epochemachende Smeatun-Turm als Museum auf dem Festland bei Plymouth. Der Felsen trägt nun einen 49 Meter hohen Leuchtturm. 1980 wurde über der → *Laterne* eine Hubschrauberplattform gebaut. Zwei Jahre später erfolgte die → *Automatisierung*.

Elbe Mit einer Länge von 1165 Kilometern ist die Elbe einer der Hauptströme in Mitteleuropa. Von Hamburg bis → *Cuxhaven* ist die Elbe für Hochseeschiffe mit größerem Tiefgang befahrbar. An diesem über 130 Kilometer langen Flußabschnitt stehen zahlreiche Leuchttürme, die zusammen eine geschlossene Leuchtfeuerkette bilden. Die → *Leuchtfeuer* sind integriert in ein Radarleitsystem, das ca. 50 große Schiffe täglich stromab- und stromaufwärts lenkt. Ein Lotsendienst trägt zur weiteren Sicherheit auf der Elbe bei.

Elbe-Befeuerung In der zweiten Hälfte des 19. Jahrhunderts begann man damit, die → *Elbe* über → *Cuxhaven* hinaus, Richtung Hamburg, mit einigen → *Leuchtfeuern* zu versehen, um auch bei Nacht die Weiterfahrt nach Hamburg zu ermöglichen. Diese ersten Feuerträger waren hölzerne Leuchthäuschen, Leuchtbaken, Aufzugs-

Der Leuchtturm Eckernförde, neuer Turm, wurde 1986 erbaut und wird in der Fördestadt an der Ostseeküste Schleswig-Holsteins „Zahnbürste" genannt.

Eckwarden-Oberfeuer: 1961 erbaut, 37 Meter hoch (Mitte)

Dieser Leuchtturm im Hafen von Eckernförde ist mit Farben gestrichen, die im Seezeichenwesen unüblich sind. Für die Nautiker ein Indiz, daß der Leuchtturm nicht mehr in Betrieb ist

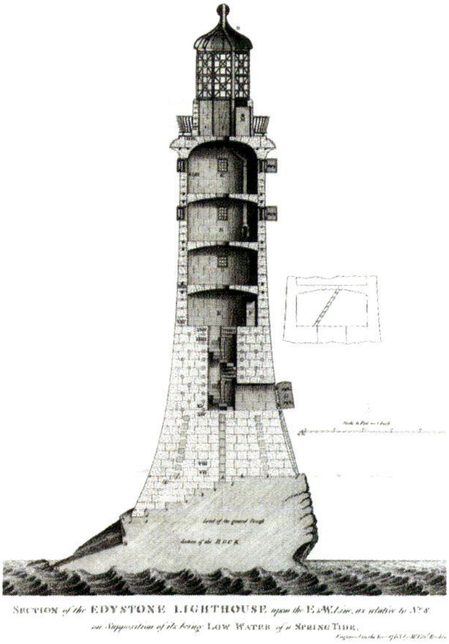

Zu den berühmtesten Leuchtturmbauten der Welt gehören die Leuchttürme von Eddystone. Insgesamt fünf Türme wurden auf diesem Felsen vor der englischen Küste gebaut. Die Abbildung zeigt den vierten, den Smeaton-Turm.

pfähle und einige kleine → *Feuerschiffe.* Nach und nach wurden diese Feuerträger durch stattliche Leuchttürme ersetzt, von denen heute noch etliche vorhanden sind. Das Aussehen dieser Leuchttürme war von großer Vielfalt. Allerdings sind auch von diesen Türmen zahlreiche durch neue Türme ersetzt worden. Solche Maßnahmen werden erforderlich, wenn sich die Fahrrinne verlagert hat. Es ist günstiger, neue Leuchttürme zu bauen, als aufwendig den Fluß auszubaggern und damit gegen einen natürlichen Vorgang zu arbeiten. Im Gegensatz zu den → *Orientierungsfeuern* an der Küste haben die Leuchtfeuer eines Flusses die Aufgabe, den Schiffer bei Nacht sicher durch das kurvenreiche → *Fahrwasser* zu leiten. Zu diesem Zweck hat man Richtfeuer, bestehend aus einem → *Oberfeuer* und einem → *Unterfeuer,* erbaut. Das Oberfeuer zeigte weißes → *festes Feuer* und das Unterfeuer im Fahrwasser weißes → *unterbrochenes Feuer,* das von Warnsektoren mit Gruppenblitzkennung begrenzt war. Kam man von See, erschien an der Steuerbordseite ein → *Sektor* mit ungerader Zahl von Blitzen und an der Backbordseite ein Sektor mit gerader Zahl. Manche Unterfeuer zeigten rote und grüne Warnsektoren anstatt der Blitzgruppen. Diese Türme benötigten dann keine → *Otterblenden.* Das beschriebene System galt auch für die einzeln stehenden → *Leitfeuer.* Auch hier war ein schmaler weißer Fahrsektor von Warnsektoren flankiert. → *Quermarkenfeuer* zeigten den nutzbaren Bereich einer Richtlinie oder eines Leitfeuers an. Es gab einige Leuchttonnen, die an besonders gefährlichen Punkten ausgelegt waren. Die vielen blinden Fahrwassertonnen wurden durch farbige Sektoren der Leuchttürme gedeckt. Das hatte zur Folge, daß die meisten Leuchttürme mehrere farbige Sektoren hatten. Dieses Leuchtfeuersystem bestand bis ca. 1968. Dann wurde mit einer „Vereinfachung und Vereinheitlichung" des Systems begonnen. Schrittweise vollzogen sich folgende Veränderungen: Die Richtfeuer leuchteten nur noch in der Richtlinie und waren nun gleichgängig. Warnsektoren und weitere farbige Sektoren verschwanden bis auf wenige Ausnahmen. Otterblenden wurden stillgelegt und ausgebaut. Dadurch konnte man im Zuge der → *Automatisierung* auch auf → *Leuchtfeuerwärter* verzichten, die bis dahin die Antriebe der Otterblenden, nämlich Gewichtsuhrwerke bzw. → *Quecksilbermotoren,* täglich bedienen und warten mußten. Die blinden → *Tonnen* wurden durch Leuchttonnen ersetzt, die durch ihr rotes und grünes → *Feuer* das

Modell einer Leuchtbake an der Elbe: Diese hölzernen Feuerträger wurden ab 1893 durch eiserne oder steinerne Leuchttürme ersetzt.

Oberfeuer Blankenese, 1983 bis 1984 erbaut, Turmhöhe 40 Meter, Feuerhöhe 84 Meter

Unterfeuer Blankenese, 1983 bis 1984 erbaut, Turmhöhe 42 Meter, Feuerhöhe 41 Meter. In dem idyllischen Ort an der Elbe hatte die Planung der beiden Türme eine heftige Diskussion ausgelöst. Man empfand die Leuchttürme als Fremdkörper. Mittlerweile werden sie als wichtige Navigationshilfen an der Elbe respektiert.

Fahrwasser bezeichnen. Dieses System gilt noch heute (→ *Altenbruch, Alter Turm*, → *Außenelbe und Elbmündung*, → *Blankenese*, → *Cuxhaven*, → *Krautsand Oberfeuer*, → *Lühe, Altes Unterfeuer*, → *Mielstack Unterfeuer*, → *Somflether Wisch*, → *Wittenbergen*).

Elektrischer Turm → *Borkum, kleiner Leuchtturm*

Emden Auf der Westmole der Hafeneinfahrt steht ein kleiner Leuchtturm, der inzwischen zu einem Emdener Wahrzeichen geworden ist. Das 9 Meter hohe Bauwerk fällt nicht nur wegen seines roten Anstrichs auf, sondern auch wegen seiner kompakten Proportionen. Auf einem 3 Meter hohen, achteckigen Sandsteinsockel und einem kurzen eisernen Turmschaft steht eine ebenfalls achteckige → *Laterne* mit → *Galerie*. Das Bauwerk wurde um 1900 errichtet. Die jetzige Laterne mit Schrägverglasung geht auf eine 1982 durchgeführte Grundinstandsetzung zurück.

Ems Fluß in Norddeutschland. Die Ems entspringt in der Senne, durchfließt das Münsterland und mündet nach 371 Kilometern bei → *Emden* in den Dollart. Die 5,5 Kilometer breite Mündung wird durch die Insel Borkum in die Oster- und Westerems geteilt. In dem deutsch-niederländischen Mündungsbereich der Ems stehen auf der deutschen Seite die Leuchttürme → *Campen*, → *Knock* und der nicht mehr betriebene kleine Turm → *Pilsum*, auf der Insel Borkum drei Türme (→ *Borkum, alter Turm*, → *Borkum, großer Turm*, → *Borkum, kleiner Turm*).

F

Fahrwasser Teil eines Bereichs im Meer, See, Fluß oder Kanal, der genügend Wassertiefe für die Schiffahrt bietet. Der Verlauf eines Fahrwassers wird ganz oder teilweise durch Schiffahrtszeichen kenntlich gemacht.

Falsche Leuchtfeuer und Strandungen In grauer Vorzeit sollen Küstenbewohner in Sturmnächten mit falschen Leuchtfeuern Schiffe in die Brandung gelockt haben, um sie dann auszuplündern oder das Strandgut bergen zu können. Vielerorts ranken sich um derartige Ereignisse Legenden. Tatsächlich bezieht sich ein Strandgesetz des Jahres 1705, vom dänischen König Friedrich IV. erlassen, auf „falsche Feuerzeichen" und bedroht ein solches Vergehen mit der Todesstrafe. Von → *Helgoland* wird berichtet, daß sich um 1637 die Bewohner der Insel weigerten, die Kohle für die → *Blüse* auf das Oberland zu tragen, da sie um ihre Einnahmen aus dem Lotsenwesen und den Strandungen besorgt waren. Auch ohne falsche Leuchtfeuer gab es in manchen Jahren reichlich Schiffbruch an den Küsten. So verzeichnete der Sylter Strandinspektor 1792 fünf zerschellte Schiffe an der Insel, drei davon strandeten innerhalb von nur neun Tagen.

Falshöft Leuchtturm Falshöft, im Süden der Einfahrt zur Flensburger Förde gelegen, ist der einzige Gußeisenbau der → *Isselburger Hütte* an der → *Ostsee*. In alten Akten ist der Name Gottschalk zu finden, jener Obermonteur, der auch schon am Leuchtturm → *Westerheversand* mitgewirkt hatte und seine Erfahrungen bei der Montage von vorgefertigten Eisenteilen mit an die Ostsee brachte. In den Jahren 1908/09 wurde der Leuchtturm Falshöft in bewährter Segmentbauweise aus Eisen für 90 000 Mark errichtet. Die Firma → *Pintsch* aus Fürstenwalde an der Spree berechnete für die → *Laterne* mit Lichtanlage 30 000 Mark. Am 1. März 1910 wurde Falshöft offiziell seiner nautischen Aufgabe übergeben. Zuerst erhielt der Turm Petroleumlicht, dann Flüssiggas und später elektrisches Licht. Die längste Zeit wurde das → *Feuer* mit sogenanntem Blaugas, einem stark ölhaltigen Flüssiggas, gespeist. Das Gas wurde in Rendsburg fabriziert und drei- bis viermal im Jahr mit dem → *Tonnenleger* „Bussard" nach Falshöft gebracht. Das Schiff konnte wegen der geringen Wassertiefe nicht bis ans Ufer fahren, und so mußten die Gasflaschen mühselig mit einem kleinen Ruderboot zum Leuchtturm gebracht werden. Jacob „Leuchtturm" Petersen war der erste → *Leuchtfeuerwärter* auf Falshöft. Bis zu seinem Tod 1948 ging er Tag für Tag zum Turm. 1963 wurde Falshöft an das Stromnetz angeschlossen. Vom Leuchtturm Falshöft führt ein 4,5 Zentimeter dickes Kabel zu dem in der Ostsee stehenden Leuchtturm → *Kalkgrund*. Bei einem Stromausfall versorgt das Notstromaggregat von Falshöft beide Türme. Seit 1969 ist Falshöft automatisiert. Die Turmhöhe beträgt 24 Meter, die → *Feuerhöhe* 25 Meter. Sein Feuer ist ein → *Quermarkenfeuer* und → *Orientierungsfeuer.*

Fehmarn Goldgelber Raps vor blauer See: Auf Fehmarn sind solche Bilder möglich! Die 185 Quadratkilometer große Insel in der → *Ostsee* ist seit 1963 über die Fehmarnsundbrücke zu erreichen. Fehmarns Fährhafen Puttgarden gilt im europäischen Verkehrsnetz als wichtiges Sprungbrett nach Skandinavien. Fast alle Schiffahrtslinien der westlichen Ostsee führen dicht an der Insel vorbei. Auf Fehmarn stehen mehrere Leuchttürme: Im Südwesten → *Flügge,* im Südosten → *Staberhuk,* der alte und neue Leuchtturm → *Marienleuchte* sind bei Puttgarden zu finden, und am Nordwesthuk steht der Turm → *Westermarkelsdorf.* Die Endung „Huk“ bezeichnet eine Landecke oder Landspitze, die ins Meer ragt.

Fernschaltung, Fernüberwacht → *Automatisierung*

Festes Feuer leuchtet konstant mit gleichbleibender Helligkeit.

Feuer Im Schiffahrtszeichenwesen üblicher Begriff für eine Anlage, deren ausgestrahltes Licht mit bestimmter → *Kennung* als Schiffahrtszeichen beziehungsweise als → *Seezeichen* dient.

Feuerbake → *Bake*

Feuerhöhe Höhe der → *Lichtquelle* eines → *Leuchtfeuers* über dem Meer. An der → *Nordsee,* wegen der ausgeprägten → *Gezeiten* über dem mittleren Hochwasser gemessen, an der → *Ostsee* ist der mittlere Wasserstand die Meßebene. Die Feuerhöhe setzt sich aus der geographischen Höhe und der Höhe des Bauwerks zusammen. So steht der Leuchtturm → *Dornbusch* auf einem Berg und erreicht daher eine Feuerhöhe von 95 Metern. Der Turm selbst ist nur 28 Meter hoch.

Feuerknechte → *Leuchtfeuerwärter*

Feuerschiffe Den Begriff „Feuerschiff“ umweht eine gehörige Brise Seefahrerromantik. Nüchtern betrachtet versteht man darunter ein schwimmendes, auf bestimmter

Der 24 Meter hohe Leuchtturm Falshöft am Eingang zur Flensburger Förde markiert als eindrucksvolles Seezeichen die Grenze zwischen einer Agrarlandschaft und dem Meer.

Auf dem Feuerschiff Fehmarnbelt, das als fahrendes Traditionsschiff von einem Förderverein unterhalten wird, ist die komplett eingerichtete Funkerkajüte erhalten geblieben.

An der deutschen Nord- und Ostseeküste gibt es keine bemannten Feuerschiffe mehr. So hat die Aufnahme vom Feuerschiff Elbe 1 auf Station nur noch einen historischen Wert. Fotos wie diese tragen zur Romantisierung jener Zeit bei, doch sollte man bedenken, daß der Himmel über der Nordsee nicht immer blau war.

Das Feuerschiff Borkumriff war der letzte Neubau seiner Art in Deutschland. Das Schiff lief 1956 vom Stapel und wurde 1988 außer Dienst gestellt.

Position vor Anker liegendes Schiffahrtszeichen, das eine gefährliche Stelle oder eine Landansteuerung markiert. Ein Feuerschiff ist mit einem → *Leuchtfeuer* von hoher Lichtstärke ausgerüstet und auch als → *Tagesmarke* auffallend, meist rot, gestrichen. Der Name der Position, man spricht auch von Station, ist auf den beiden Seiten des Schiffsrumpfes angegeben, so zum Beispiel „Elbe I", „Borkumriff" oder „Fehmarnbelt". Je nach Erfordernis der Position war ein Feuerschiff mit Radarantwortbake, → *Nebelschallanlage* und anderen seezeichentechnischen Einrichtungen ausgestattet. Im Bereich der deutschen Küsten wurden die ersten schwimmenden → *Feuer* von Schiffen gezeigt, die mehrere Aufgaben hatten. Sie dienten meist als schwimmende → *Lotsenstationen* und zeigten nachts ein bescheidenes Feuer, damit sie von ansteuernden Schiffen zu finden waren. In der Elbmündung gab es sie ab 1774. Unter dänischer Verwaltung lag 1815 vor der schleswig-holsteinischen Westküste zur Ansteuerung der Eidermündung ein Schiff auf fester Position, das überwiegend ein Feuer zeigte. Das älteste, nur für diese Aufgabe ausgelegte deutsche Feuerschiff schwamm ab 1816 in der Elbmündung. Dort ereignete sich am 27. Oktober 1936 ein schweres Unglück. In einem Orkan kenterte Feuerschiff „Elbe I" und riß 15 Seeleute mit in die Tiefe. Feuerschiffe, die ihre Position verlassen mußten, wurden durch Reserveschiffe ersetzt. Die Besatzung wurde auf allen Schiffen regelmäßig abgelöst. Der „Törn" betrug in Deutschland zuletzt zwei Wochen. Das Feuerschiff „Borkumriff" war 1956 der letzte Neubau eines bemannten Feuerschiffes in Deutschland und wurde als letztes seiner Art am 16. Juli 1988 durch ein unbemanntes Feuerschiff ersetzt. Viele der ausgedienten Feuerschiffe aus der → *Nordsee* und → *Ostsee* fanden in → *Museumshäfen* eine neue Bleibe und werden vielerorts von → *Fördervereinen* unterhalten, einige als fahrfähige Museumsschiffe. Sie wurden Filmkulisse und inspirierten Autoren. Die allegorische Erzählung → *„Das Feuerschiff"* von Siegfried Lenz gehört zu den Meisterwerken deutscher Nachkriegsliteratur. Der bekannte Seefahrtsautor Fritz → *Brustat-Naval* war Kapitän auf einem Feuerschiff.

Flügge Ein Leuchtturm im Rapsfeld: Jahraus, jahrein ist Ende Mai/Anfang Juni auf der Insel → *Fehmarn* dieser Anblick möglich. Dann sind nicht nur hier, sondern an der gesamten norddeutschen Küste die leuchtendgelben Rapsfelder weit

Mit 37 Metern Höhe ist der Leuchtturm Flügge der größte seiner Art auf der Ostseeinsel Fehmarn. Er steht westlich der berühmten Fehmarnsund-Brücke. Leuchtturm bzw. Leuchtfeuer haben auf der Insel Tradition. Von Peter Wiepert, dem bekannten Heimatforscher, ist folgender Brauch überliefert: An allen gefährlichen fehmarnschen Huks standen Baken. Die angestellten „Bakenlüde“ mußten einmal im Jahre am Fastnachtstage in der Inselhauptstadt Burg im fehmarnschen Amtshaus erscheinen, um dort Instruktionen zu empfangen oder vereidigt zu werden. Hinterher bekamen sie in der Ratsschenke jeder drei Glas Branntwein und eine Kanne Bier eingeschenkt, die die Stadt Burg und die Landschaft Fehmarn bezahlte. Man nannte die Schnäpse im Volksmund „Lüchterschnaps“ und die Bierkannen „Fürlöper-Stöpen“. Bei dieser Zusammenkunft mußten ein Richter der Landschaft und ein Burger Ratsverwandter zugegen sein und „andrinken“, das heißt die Bakenbrenner zum Trinken auffordern.

zu sehen. Allerdings sind sie als Orientierungshilfen – und somit als → *Tagesmarken* – nicht geeignet. Anders war es mit Baumgruppen oder Wäldern. So war für die Schiffahrt das „Flügger Holz" auf dem Südwestzipfel der Insel Fehmarn lange Zeit eine wichtige Orientierungsmarke. Als die Baumgruppe abstarb, entschloß sich die zuständige Behörde, ein künstliches → *Seezeichen* an jener Stelle zu errichten. Nach → *Marienleuchte, alter Turm* war der 1872 gebaute nur 16 Meter hohe und mit einem achteckigen Grundriß versehene Flügger Turm das zweite Bauwerk seiner Art auf der Insel. Genauso wie in → *Westermarkelsdorf,* wo der Turm direkt am Leuchtfeuerwärterhaus steht, war auch Flügge konzipiert. Anfangs war der Leuchtturm Flügge gelb und ab 1892 hellrot mit dunkelroten Streifen unter der → *Laterne.* Er bezeichnete mit einem → *Unterfeuer* auch den Fehmarnsund. Neben dem 16 Meter hohen → *Leuchtfeuer* entstand von 1914 bis 1915 ein mehr als doppelt so hoher Turm. Der kleine Leuchtturm wurde abgerissen. Auch der neue, 37 Meter hohe Leuchtturm Flügge mit einer → *Feuerhöhe* von 38 Metern war zunächst gelb mit roter Laterne. Als letzter großer Leuchtturm erhielt Flügge 1954 elektrisches Licht. Die charakteristische rot-weiße Glasal-Plattenverkleidung trägt er seit 1977. Erwähnt sollte noch werden, daß der Leuchtturm Flügge, bis auf die Höhe, baugleich ist mit dem Leuchtturm → *Neuland* an der Hohwachter Bucht. Mit diesen beiden Türmen war das von Borkum bis Memel reichende Leuchtfeuernetz mit sich überdeckenden Feuerkreisen geschlossen. Nachfolgende Leuchtturmbauten waren Modernisierungen, Träger für technische Erweiterungen oder Ersatzfeuer.

Föhr Insel an der Westküste von Schleswig-Holstein, im Wattenmeer gelegen, 82 Quadratkilometer groß. Hauptort ist Wyk. Es bestehen Fährverbindungen zum Festland nach Dagebüll und nach Wittdün auf der Insel → *Amrum.* Die → *Leuchtfeuer* der Insel Föhr dienen hauptsächlich zur Sicherung der Fährverbindungen. Auf der Südspitze, die Olhörn genannt wird, wurde 1892 eine Feuerbake errichtet, die 1952 durch einen 8 Meter hohen Leuchtturm ersetzt wurde. Der Turm ist ein quadratischer Ziegelsteinbau mit einer runden → *Laterne.*

Fördervereine An der Nord- und Ostseeküste, aber auch in einigen Binnenhäfen, gibt es eingetragene Vereine, die sich zum Ziel gesetzt

Der Leuchtturm Friedrichsort (siehe Seite 62) steht auf einer kleinen Insel vor dem Kieler Hafen und markiert die Friedrichsorter Enge. Der heutige Betonbau hatte mehrere Seezeichen als Vorgänger: von 1853 bis 1864 eine Leuchtbake, ab 1866 einen 10 Meter hohen Leuchtturm, der 1889 um 4,50 Meter erhöht wurde und 1936 eine größere Laterne bekam. 1969 ist neben diesem Turm ein 32 Meter hoher neuer Leuchtturm entstanden. Der alte Turm wurde bis auf einen erkennbaren Sockel abgetragen. Seine Laterne steht heute in der Kieler Innenstadt.

Dieser kleine, quadratische Leuchtturm, ein Ziegelsteinbau mit runder Laterne, steht auf der Südspitze der Insel Föhr.

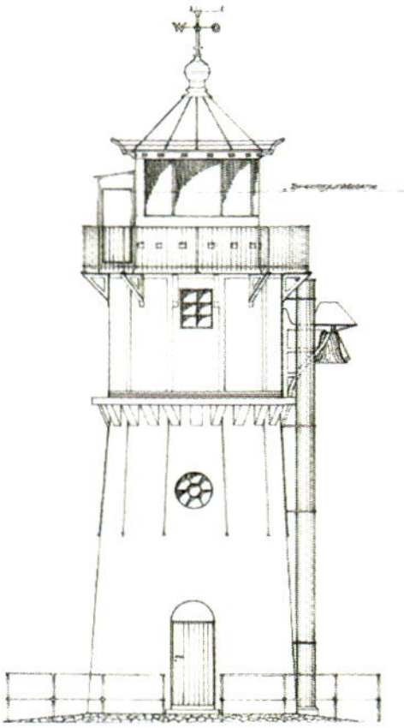

Anläßlich der olympischen Segelwettbewerbe 1936 in Kiel wurde der Leuchtturm Friedrichsort umgebaut und die Leuchtfeuereinrichtung modernisiert. Man beachte auf der Zeichnung die außenhängende Nebelsignalglocke!

haben, maritime Bauten oder Schiffe von historischer Bedeutung zu erhalten, wenn öffentliche Gelder nicht reichen oder gar nicht zur Verfügung stehen. Die spektakuläre und erfolgreiche Rettung des Leuchtturms → *Roter Sand* durch die Initiative eines Fördervereins hat nicht nur in Deutschland große Aufmerksamkeit erregt: zahlreiche ausgediente → *Feuerschiffe* werden heute in Deutschland von Fördervereinen unterhalten.

Fresnel, Augustin Jean (1788 bis 1827), französischer Physiker, wies u. a. die Wellennatur des Lichts nach. Er konstruierte um 1820 unter Verwendung von Linsen und Prismen eine → *Optik* für Leuchttürme (→ *Fresnel-Linse*).

Fresnel-Linse Von dem Franzosen → *Augustin Jean Fresnel* entwickelte Linse mit Prismen, um die Strahlen einer → *Lichtquelle* zu bündeln und in eine gewünschte Richtung zu lenken. Optische Elemente wie Linsen und Prismen waren schon bekannt, aber nur in kleinen Abmessungen. Für ein → *Leuchtfeuer* hätte man eine sehr große Linse bauen müssen, die viel Glas benötigte und relativ schwer wäre. Fresnel hatte die Idee, das Linsenprofil stufenförmig nach kurzer Wölbung wieder zurückspringen zu lassen, um bei gleicher Lichtbrechung Glas und Gewicht zu sparen. Es handelt sich hier um eine → *Gürtellinse,* denn es soll ein → *festes Feuer* über den ganzen Horizont oder über einen Teil desselben gezeigt werden. Man kann die Gürtellinse je nach Bedarf für jeden Ausstrahlungswinkel bauen. Bei den meisten Leuchttürmen verwendet man plankonvexe Linsen. Die flache Seite ist der Lichtquelle zugewandt. Die Gürtellinse ist ringförmig um die Lichtquelle angeordnet. Die „Linsenstufen" sind in Form von Prismenringen über und unter der Linse angebracht. Alle Glasteile werden von der Fassung, meist aus Bronze, zusammengehalten. Die hier beschriebene Anordnung der Linse mit Prismen ist der dioptrische Teil einer → *Optik,* auch einfach Diopter genannt. Später wollte man auch die Strahlen, die oben und unten am Diopter verlorengingen, nutzen und lenkte sie durch den Einsatz von Spiegeln in die Waagerechte. Die Lichtausbeute wurde abermals verbessert, als es gelang, die Spiegel durch spiegelnde Prismen zu ersetzen. Diese Prismen heißen katadioptrische Prismen. Sie sind oberhalb und unterhalb des Diopters angebracht, und man spricht deshalb auch vom oberen und unteren Katadiopter. Obwohl man sich die spiegelnde

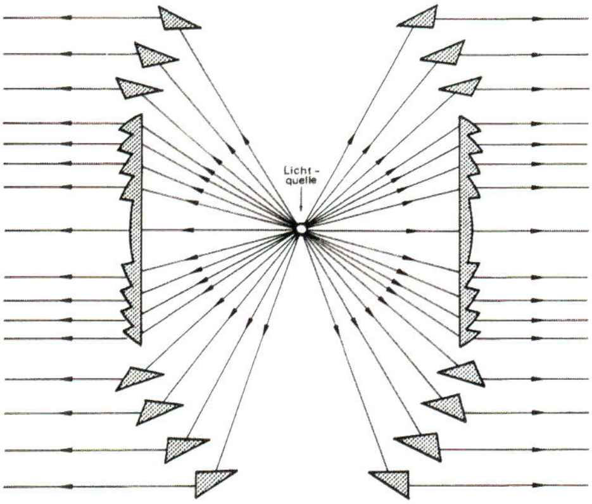

Augustin Jean Fresnel (1788 bis 1827)

Bei dieser schematischen Darstellung einer Fresnelschen Optik erkennt man den Strahlenverlauf in den dioptrischen und katadioptrischen Prismen.

Scheinwerferoptik mit Drehtisch und Gewichtsantrieb im Größenvergleich mit einem Menschen

Fresnel-Linse vom Typ Schweinwerferoptik mit zahlreichen, sehr schmalen Feldern für langsame Rotation. Die Optik zeigt ein Blinkfeuer, steht im Leuchtturm Dornbusch und hat eine Brennweite von 700 mm. Eine Umdrehung erfolgt in 3 Minuten und 20 Sekunden.

Wirkung zunutze macht, findet in diesen Prismen auch eine Lichtbrechung statt, deswegen der Name „katadioptrisch" (→ *katoptrisches System*, → *dioptrisches System*).

Friedrichsort Vor dem Kieler Hafen wird die Friedrichsorter Enge in der Förde seit 1815 „befeuert". Zuerst stand nur eine unscheinbare Leuchte auf der Prinz-Georg-Bastion, die Teil einer alten dänischen Festung war. 1853 installierte man auf der vorgelegten Sandbank eine eiserne Leuchtbake, die 1864 durch schweres Treibeis zerstört wurde. Der Bau eines Leuchtturms an gleicher Stelle folgte. Um die Naturgewalten abzuwehren, wurde auf der Sandbank ein Granithügel errichtet, von dem 1866 ein 10 Meter hoher Leuchtturm sein Licht zeigte. Bereits 1889 ist der Turm auf 14,5 Meter erhöht worden und erhielt zur Segelolympiade 1936 eine größere → *Laterne*, deren Geschichte interessant ist. Ursprünglich war die Laterne für den afrikanischen Hafen Lomé bestimmt. Mit der Zeit wurden die einlaufenden Schiffe im Kieler Hafen immer größer. Aus der Ferne betrachtet, lag das → *Leuchtfeuer* Friedrichsort inmitten der Stadtlichter, und aus der Nähe strahlte es in voller Lichtstärke in die Schiffsbrücken. Der Leuchtturm wurde 1972 abgerissen, und die Laterne bekam als erhaltungswürdiges Baudenkmal einen neuen Standort in der Kieler Innenstadt. Natürlich hinterließ der Abriß des Leuchtfeuers Friedrichsort in der Kieler Förde keine Leuchtfeuerlücke. Bereits 1969 ist neben dem alten Turm ein 32 Meter hoher Betonbau entstanden. Am 29. Oktober 1971 übernahm der neue Leuchtturm mit einer → *Feuerhöhe* von 32 Metern seine maritimen Aufgaben und erfüllt sie heute noch. Vom ersten Tag an war das Leuchtfeuer automatisiert. Die Gesamtkosten betrugen 1 585 000 DM, davon entfielen auf die Befestigung der Leuchtturminsel 300 000 DM und auf die Seezeicheneinrichtungen 550 000 DM. Vom alten Leuchtturm existiert, außer der Laterne in der Kieler Innenstadt, nur noch ein erkennbarer Stumpf neben einem weißen Bau mit grünen Bändern.

Funkelfeuer zeigt 40 bis 60 Lichterscheinungen pro Minute. Diese Zahlen definieren die Geschwindigkeit der Lichterscheinungen. In der Praxis werden auch weniger Funkel gezeigt, wenn es sich um eine Gruppenkennung handelt. Ein Beispiel: Fkl. Grp. 7, nach sieben schnellen Funkeln folgt eine Pause.

G

Galerie Die Galerie dient als Abschlußplatte für den Leuchtturmschaft und trägt die → *Laterne* mit ihrem Unterbau. Die Galerie ist mit einem Geländer versehen und ist begehbar. Die dient u. a. dazu, die Laternenverglasung von außen zu reinigen.

Geestemündung Molenfeuer Die Geestemündung markiert den ältesten Hafen von → *Bremerhaven.* Nach einer 1912 erfolgen Verlängerung der Hafenmolen entstand 1914 auf der nördlichen Mole ein Leuchtturm. Durch seine kompakten Proportionen ist das Geeste Nord-Feuer ein weiterer gelungener Seezeichenbau in Bremerhaven, wie das → *Bremerhaven Oberfeuer,* das → *Bremerhaven Unterfeuer* und der sogenannte → *Pingelturm.* Das Geeste Nord-Feuer hat eine → *Feuerhöhe* von 15 Metern. Eine 14 Meter hohe Gitterbake mit grüner → *Laterne* ist das Geeste Süd-Feuer. Sie wurde 1925 in Betrieb genommen.

Gellen „Für ewig" versprach der Abt des Klosters auf → *Hiddensee* in einer Urkunde vom 3. Juli 1306 eine → *Leuchte* zu versorgen, die der Rat der Stadt Stralsund auf dem Gellen, der Südspitze der Insel, errichtet hatte. Wie lange das → *Feuer* versorgt wurde, ist nicht eindeutig gesichert. Karten aus dem 17. und 18. Jahrhundert dokumentieren noch oder wieder ein → *Seezeichen* auf dem Gellen. Der kleine, weiße Leuchtturm mit der roten → *Laterne* im Süden der Insel Hiddensee ist seit 1907 in Betrieb. Sein → *Leuchtfeuer* markiert als → *Quermarkenfeuer* den Schiffsweg durch den schmalen Gellenstrom. Nach Osten bietet das Feuer zudem einen wichtigen Orientierungspunkt im Schaproder Bodden. Der Turm ist ein Eisenbau der Firma → *Pintsch.* Dieser Traditionsbetrieb genoß weltweites Ansehen in der Herstellung von gastechnischen Anlagen. Der Leuchtturm Gellen wurde bis zu seiner Elektrifizierung 1936 mit Gas betrieben. Einige Daten: Turmhöhe über dem Mittelwasser: 12 Meter, → *Feuerhöhe:* 10 Meter, → *Tragweite* Weißer → *Sektor:* 15 → *Seemeilen.*

Generatoren dienen der Umwandlung von mechanischer in elektrische Energie und werden von Dieselmotoren angetrieben. Fast jeder Leuchtturm hat ein solches Notstromaggregat, das bei Stromausfall anspringt und das → *Leuchtfeuer* mit Elektrizität versorgt.

Genua Auf einem Felsen neben der Hafeneinfahrt hatten die Genueser

1139 einen Turm für militärische Zwecke errichtet. Auf ihm soll ab 1326 ein → *Leuchtfeuer* gebrannt haben. Angeblich war der Onkel von Christoph Kolumbus, Antonio, um 1449 dort → *Leuchtfeuerwärter.* Seit 1544 ragt an gleicher Stelle ein 76 Meter hoher Leuchtturm in den Himmel. Seine → *Feuerhöhe* beträgt 117 Meter. Der Turm wird „Lanterna“ genannt und ist heute noch einer der höchstgemauerten Leuchtturmbauten der Welt. Das viereckige schlanke, an zwei übereinanderstehende Burgtürme erinnernde Bauwerk hat Spuren in der → *Kunst* hinterlassen: Malern des 17. bis 19. Jahrhunderts diente der markante Turm sehr oft als Motiv für die Leuchttürme in ihren Küstenlandschaften.

Gezeiten ist die Bezeichnung für den Wechsel zwischen Ebbe und Flut. Die Flut steigt bis zu ihrem höchsten Punkt, dem Hochwasser, rund sechs Stunden, und ebenso lange sinkt das Wasser, bis es den niedrigsten Punkt erreicht hat. Der Höhenunterschied zwischen Niedrig- und Hochwasser wird Tidenhub genannt. Bedingt durch geographische Verhältnisse, die Beschaffenheit des Meeresgrundes und Strömungen ist der Tidenhub an den Küsten regional unterschiedlich. Ebbe und Flut werden durch die Anziehungskraft des Mondes und durch Fliehkräfte auf der mondabgewandten Seite der Erde bewirkt. Entsprechend der Umlaufbahn des Mondes um die Erde verschieben sich die Gezeiten täglich um etwa 50 Minuten. In der → *Ostsee* macht sich der Tidenhub kaum bemerkbar, während er in der → *Nordsee* große Teile des Wattenmeers trockenfallen läßt. Die Leuchttürme → *Hohe Weg* und → *Arngast* stehen in diesem Grenzbereich zwischen Land und Meer.

Gleichtaktfeuer Bei einem Gleichtaktfeuer sind Schein und Dunkelheit gleich lang.

Gollwitz → *Timmendorf*

Gömnitzer Turm Der Gömnitzer Turm ist zwar kein Leuchtturm, aber wegen seiner Bedeutung erwähnenswert. Er wurde von 1827 bis 1828 westlich von Neustadt an der Lübecker Bucht erbaut. Der runde, auf dem Gömnitzer Berg stehende Backsteinturm wurde als → *Seezeichen* und Landmarke errichtet. Er steht unter Denkmalschutz.

Greifswalder Oie Die Insel Greifswalder Oie liegt 12 Kilometer nördlich von Usedom und 10 Kilometer östlich von → *Rügen* in der Pommerschen Bucht. Sie ist die

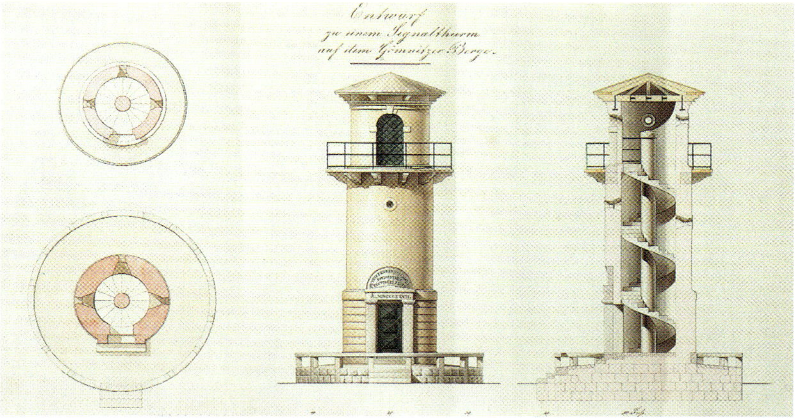

Die vollendete Ausführung des Gömnitzer Turms steht seit 1828 auf dem Gömnitzer Berg. Das 9 Meter hohe Bauwerk ist denkmalgeschützt und ein beliebtes Ausflugsziel in der Region.

Auf der Südspitze der Insel Hiddensee steht der kleine Leuchtturm Gellen. Er markiert einen Platz, auf dem schon 1306 ein Leuchtfeuer betrieben wurde. Damals waren Mönche die Leuchtfeuerwärter. Der Leuchtturm Gellen wird heute automatisch betrieben.

Leuchttürme sind im allgemeinen an das öffentliche Stromnetz angeschlossen. Bei einem Stromausfall schaltet sich automatisch ein Dieselgenerator ein und übernimmt die Stromversorgung. Es gibt jedoch auch Leuchttürme mit eigener Stromversorgung.

Zu den maritimen Raritäten im Seezeichenwesen zählt der Gömnitzer Turm bei Neustadt an der Lübecker Bucht. Der runde Backsteinturm wurde als Peilmarke konzipiert. Die prachtvolle Bauzeichnung zeigt eine nicht ausgeführte Version (oben).

östlichste deutsche Insel in der freien → *Ostsee.* Auf alten Ansichtskarten wird sie oft als „Helgoland der Ostsee“ bezeichnet. Von weitem sieht die kleine Ostseeinsel der großen Nordseeinsel in der Tat sehr ähnlich. Allerdings ragt die Steilküste der Greifswalder Oie nur 16 Meter aus dem Meer, wodurch die Silhouette des Leuchtturms im Vergleich zu dem auf → *Helgoland* überproportioniert wirkt. Die Greifswalder Oie hatte ursprünglich einen slawischen Namen, der nach alten Überlieferungen „Svante Wostrove“ lautete, was soviel wie heilige Insel bedeutete. Im 13. Jahrhundert erhielt die Insel ihren Namen von der sie besitzenden Stadt Greifswald und aus dem Pommerschen die Benennung „Oie“ für eine kleine Insel. Gegenwärtig dürfte eine Vermessung der Oie etwa 54 Hektar ergeben. Im → *Mittelalter* war die Greifswalder Oie unbewohnt, obwohl sich auf der Insel eine Kapelle befand. Messen wurden allerdings nur gelesen, wenn sich zur Hauptfangzeit von Hering und Stör Fischer auf dem Eiland aufhielten. Im Jahre 1668 verpfändete die Stadt Greifswald die Insel an den damaligen Generalgouverneur von Schwedisch-Pommern, den Grafen Karl Gustav von Wrangel, der Greifswald dafür ein Darlehen von 1000 Talern gewährte. Erst 1749 gelang es der Stadt, die Insel von den Erben Wrangels wieder auszulösen. Bis 1883 blieb die Oie dann im Besitz der Stadt Greifswald, hinter deren Mauern auch Caspar David Friedrich und Hans Fallada das Licht der Welt erblickten. Um die Schiffahrt zwischen Saßnitz und Stettin sowie die Einfahrt in den Greifswalder Bodden zu sichern, forderte die preußische Regierung 1827 von der Stadt Greifswald unentgeltlich ein Terrain auf der Oie, um dort eine Feuerbake zu errichten. Die Stadt erklärte sich dazu bereit und lieferte außerdem noch die zum Bau erforderlichen Materialien. 1832 wurde das → *Seezeichen* vollendet und ein Wärter für die Unterhaltung des → *Feuers* engagiert. Die Feuerbake konnte nur für wenige Jahre den Anforderungen des steigenden Schiffsverkehrs genügen. In den Jahren von 1853 bis 1855 entstand an ihrer Stelle der Leuchtturm Greifswalder Oie aus Ziegelsteinen. Für den Unterbau wurde Geschiebe, also Feldsteine, verwendet. Bereits 1890 erwies sich das Gemäuer des runden Leuchtturms durch Witterungseinflüsse als baufällig, und der Turm erhielt aus Stabilitätsgründen eine achteckige Ummantelung. Als erste Lichtanlage dienten 12 Parabolspiegel, auf einen Drehtisch montiert, mit jeweils einer → *Argand-*

Die Ostseeinsel Greifswalder Oie wird – wegen der Ähnlichkeit der Inselformen – oft als „Helgoland der Ostsee" bezeichnet. Im Südwesten liegt ein kleiner Hafen, auf der Nordostecke der Insel steht der gleichnamige Leuchtturm.

Raum unterhalb der Laterne vom Leuchtturm Greifswalder Oie. Rechts im Bild der Gewichtsschacht, in dem vor der Elektrifizierung die Zugkraft eines Gewichtes für die Drehbewegung der Optik genutzt wurde.

Blick von oben in die Scheinwerferlinse des Leuchtturms Greifswalder Oie: Diese über 3 Meter hohe Optik hat vier Felder. Eine Umdrehung dauert 16 Sekunden. Die Brennweite beträgt 900 mm, die Optik wurde von der Firma Wilhelm Weule in Goslar gefertigt.

Lampe im → *Brennpunkt*. Obwohl es schon die → *Fresnel-Linse* als Leuchtfeueroptik gab, wurde auf der Greifswalder Oie die traditionelle Technik installiert, um sie, wie es hieß, mit neuen leuchtfeuertechnischen Einrichtungen zu vergleichen. Die Fresnel-Linse setzte sich durch, aber erst 1914 erhielt der Turm Greifswalder Oie eine derartige Lichtanlage. Um die bis dahin größte, von der Firma Wilhelm → *Weule* in Goslar gefertigte Fresnel-Linse aufzustellen, mußte der Turmkopf verändert und um 2 Meter aufgestockt werden. Die → *Feuerhöhe* beträgt 49, die Turmhöhe 39 Meter. Seit 1938 ist das → *Leuchtfeuer* elektrifiziert und seit 1978 automatisiert. Gegenwärtig wird der Leuchtturm Greifswalder Oie vom → *Wasser- und Schiffahrtsamt* Stralsund betreut. Die Insel ist für die Fauna von großer Bedeutung, da es vor den Küsten Polens, Litauens und Lettlands keine weiteren Rastplätze für den Vogelzug gibt.

Großerpater Oberfeuer Fährt ein Schiff auf der → *Weser* zwischen Bremen und → *Bremerhaven*, so passiert es viele → *Leuchtfeuer*, die kein Mythos von Leuchttürmen umgibt. So liest man im → *Leuchtfeuerverzeichnis*: „rotes Rohr mit zwei weißen Bändern" oder „grüner Stahldalben mit Plattform". Da ist der 36 Meter hohe Gitterturm des Großerpater Oberfeuer schon eine Augenweide, erinnert er doch an den Leuchtturm → *Campen*. Das Großerpater Oberfeuer wurde 1897 in Betrieb genommen, hat eine → *Feuerhöhe* von 34 Metern und steht mit dem 15 Meter hohen → *Unterfeuer* auf der Weserinsel Harriersand.

Großer Vogelsand In der → *Außenelbe* wurde in den Jahren von 1973 bis 1974 als Ersatz für das → *Feuerschiff* „Elbe II" der Leuchtturm Großer Vogelsand erbaut. Er steht am Südrand der gleichnamigen Sandbank und wurde 1975 in Betrieb genommen. Die Höhe des Turms über dem mittleren Hochwasser beträgt 43,5 Meter, und die → *Lichtquelle* hat eine → *Feuerhöhe* von 39 Metern. Zur Kennungserzeugung verfügt der Turm über drei → *Präzisionssektorenfeuer* mit Ansteuerungs- und Warnsektoren. Die größte → *Tragweite* beträgt 26 → *Seemeilen*. Außerdem hat der Turm eine Drehoptik und eine → *Gürtellinse*. Da es keine Kabelverbindung zum Festland gibt, befindet sich im Turm ein kleines Kraftwerk mit drei → *Generatoren* für die eigene Stromerzeugung. Ferner ist der Turm mit Seefunkfeuer, Radarantwortbake und Luft- → *Nebelschallanlage* ausgerüstet. Das Bau-

Großerpater Unterfeuer auf der Weserinsel Harriersand, 1897 erbaut, 15 Meter hoch

Leuchtturm Großer Vogelsand in der Außenelbe, erbaut 1973 bis 1974. Er hat eine Höhe von 43,5 Metern über mittlerem Hochwasser. Zwei Schiffsnamen sind heute noch ein Begriff an der Küste: Die „Ondo“ und „Fiedes“ strandeten im Winter 1961/62 auf dem Großen Vogelsand, einer berüchtigten Untiefe in der Elbmündung. Der Leuchtturm Großer Vogelsand löste 1974 das Feuerschiff „Elbe II“ ab. Bei seiner Inbetriebnahme war er auf dem neuesten Stand der Technik. Die Laterne krönte eine Hubschrauberplattform. Seit 1999 ist der Leuchtturm Großer Vogelsand stillgelegt.

Großerpater Oberfeuer, 1897 erbaut, 36 Meter hoch (links)

werk verfügt auch über ein Hubschrauberlandedeck und eine Notunterkunft für Schiffbrüchige. Der Turm arbeitet vollautomatisch und wird von → *Cuxhaven* aus fernüberwacht. Das → *Leuchtfeuer* ist 1999 gelöscht worden.

Gründung Stabilisierung eines weichen Bodens, um ein Fundament für ein Gebäude zu schaffen. Bei der Pfahlgründung werden z. B. Pfähle in den Boden gerammt und im oberen Bereich durch eine Betonplatte verbunden. Auf einem solchen Fundament kann ein Gebäude oder auch ein Leuchtturm errichtet werden.

Gürtellinse Linse, die ringförmig und waagerecht um eine → *Lichtquelle* angeordnet ist. Schräg nach oben und unten gerichtete Strahlen der Lichtquelle werden durch die Linse gebrochen und in der Senkrechten parallel zueinander abgestrahlt. In der Waagerechten scheint die → *Optik* über einen bestimmten Winkel oder über den ganzen Horizont, je nach Bauart und Erfordernissen (→ *Fresnel-Linse*).

Gürtellinse: Man erkennt den dioptrischen Teil einer Gürteloptik. Über und unter der Gürtellinse sind die Prismen angebracht. Alle Glasteile brechen die schräg von der Lichtquelle kommenden Strahlen und lenken sie in die waagerechte Richtung, die, von weitem betrachtet, wie ein senkrechter „Lichtstreifen" aussehen. Bei Verwendung einer Gürteloptik ist es günstig, die Sprossen der Laternenverglasung nicht senkrecht, sondern schräg anzuordnen. Der Lichtstreifen wird dann nur punktförmig geschnitten. Die abgebildete Linse steht im Leuchtturm Falshöft an der Ostsee.

H

Hafenfeuer dienen dazu, die Einfahrt in einen Hafen zu markieren. Meist sind → *Baken* als Feuerträger installiert. Sie zeigen rot an Backbord und grün an Steuerbord. Oft findet man kleine und kleinste Feuerträger, wie etwa ein Eisenrohr mit → *Laterne*. Manchmal dienen auch kleine Leuchttürme mit begehbarer Laterne als Hafenfeuer, z. B. an der Einfahrt zum → *Nord-Ostsee-Kanal* in Brunsbüttel.

Halligen → *Oland*, → *Nordmarsch*

Heiligenhafen An diesem für den Schiffsverkehr günstigen Ankerplatz entstand Mitte des 13. Jahrhunderts eine planmäßig angelegte Stadtanlage. Heiligenhafen sollte, wie Kiel und Neustadt, das besiedelte Hinterland an den Seeverkehr anschließen. Handwerk, Schiffahrt und Fischerei bleiben über Jahrhunderte Haupterwerbszweige. In neuerer Zeit haben Fremdenverkehr und Wassersport an Bedeutung gewonnen. Die großen Yachtanlagen in Heiligenhafen sind ein unübersehbarer Beweis für diese Entwicklung. An einem Fischerhaus brannte ab 1885 eine einfache → *Laterne* als → *Leuchtfeuer* von Heiligenhafen. Damals wie heute gilt es, die Einfahrt zum Hafen zwischen dem Festland und dem Graswarder Sand zu sichern. Ein 12 Meter hoher runder Leuchtturm wurde 1907 gebaut, doch existierte dieser nur 30 Jahre. Heute zeigt der 1938 in Betrieb genommene Leuchtturm den sicheren Weg. Die Bauwerkhöhe beträgt 13 Meter, die → *Feuerhöhe* ist mit 16 Metern verzeichnet.

Helgoland Die Geschichte der Helgoländer → *Leuchtfeuer* beginnt auf dem Festland. Holländische Glaubensflüchtlinge hatten im toleranten Friedrichstadt an der Eider eine neue Heimat gefunden. Um ihre Handelsrouten in der → *Nordsee* zu sichern, forderten sie die Errichtung einer → *Blüse* auf der Insel. 1630 wurde auf Helgoland die Kohlenblüse in Betrieb genommen. Nach alten Überlieferungen verschlang das offene → *Feuer* bis zu 40 Zentner Kohle in einer Sturmnacht. Das Leuchtfeuer wurde aus Kostengründen wieder eingestellt. Einen zweiten Versuch unternahm die Hansestadt Hamburg, doch wird das Feuer von 1685 bis zum endgültigen Löschen 1811 nicht immer in Betrieb gewesen sein. Napoleons Kontinentalsperre veranlaßte England, das mittlerweile dänische Helgoland 1807 zu erobern. Die Insel wurde eine wichtige Basis für den

Die Leuchttürme auf dem Helgoländer Oberland sind chronologisch von links nach rechts dargestellt. Vom 17. Jahrhundert bis 1811 war die Blüse in Betrieb. Der Englische Leuchtturm, der jene Laterne trug, die heute auf dem Leuchtturm Staberhuk steht, zeigte von 1811 bis 1902 sein Leuchtfeuer. Ein weiterer Leuchtturm ging 1902 in Betrieb und wurde im Zweiten Weltkrieg zerstört. Der letzte Leuchtturm wurde vor 1945 als Flakleitstand genutzt. Sein heutiges Aussehen verdankt der Turm mehreren Ausbauten.

Der kleine Leuchtturm Heiligenhafen im Abendlicht. Sein Leuchtfeuer ist seit 1938 in Betrieb. Die Bauwerkhöhe beträgt 13 Meter.

Beispiel eines Hafenfeuers, fotografiert im dänischen Helsingør (Mitte)

Commonwealth und ein Paradies für Schmuggler. Helgolands Bedeutung für die englischen Besatzer kam 1811 mit dem Bau eines 18 Meter hohen Leuchtturms zum Ausdruck. Der runde Ziegelsteinturm mit der verglasten Laternenkuppel trug einen Leuchtapparat, bestehend aus 24 versilberten Hohlspiegeln mit jeweils einer → *Argand-Lampe* im → *Brennpunkt.* 1875 erhielt der Leuchtturm eine 2,41 Meter hohe → *Fresnel-Linse,* die von einer fünfdochtigen Mineralöllampe zum Strahlen gebracht wurde. Im Rahmen einer spektakulären Tauschaktion nahm 1890 Kaiser Wilhelm II. die Insel für Deutschland in Besitz. Dafür wurde die zum deutschen Kolonialreich in Ostafrika gehörende Insel Sansibar britisch. Unmittelbar neben dem englischen Leuchtturm und nur einen Steinwurf von der ausgedienten Blüse entfernt, strahlte ab 1902 von einem 36 Meter hohen, hellgelben Ziegelsteinbau eine elektrische Schnellblinkfeueranlage in die Nacht. „Feuer von Büsum aus gut in Sicht", telegrafierte man bewundernd auf die Insel. Dieser Turm war baugleich mit dem heute noch betriebenen auf dem Kap Arkona. Vier Wochen nach Inbetriebnahme des deutschen Turms wurde der englische abgerissen und seine wertvolle Fresnel-Linse für den ebenfalls neuen Leuchtturm → *Staberhuk* auf die Insel → *Fehmarn* verschifft. 1938 entstand auf dem Helgoländer Oberland ein weiterer Turm, der zeitweilig als Flak-Leitstand diente. Kurz vor Ende des Zweiten Weltkriegs, am 18. und 19. April 1945, bombardierten die Alliierten die Insel. Schon am ersten Angriffstag wurde der Leuchtturm getroffen. Nur der Flak-Leitstand aus Stahlbeton überstand den Krieg und den späteren Versuch, die Insel zu sprengen. Nach der Freigabe der Insel durch die Alliierten, am 1. März 1952, begann der Wiederaufbau. Der Flak-Leitstand erhielt ein provisorisches Leuchtfeuer. Nach einer Aufstockung von 5 Metern und der Ummantelung mit Ziegelsteinen wurde aus dem Stahlbetonbau 1965 ein offizieller Leuchtturm, der bis heute seine Aufgabe als → *Seefeuer* erfüllt. Seit der → *Automatisierung* des Leuchtfeuers und dem 1984 vollendeten Verkehrssicherheitssystem → *Deutsche Bucht* verfügt der ehemalige Flak-Leitstand auch über eine Küstenfunkstelle, ein Weitbereichsradar und eine Richtfunkverbindung.

Helios → *Köln-Ehrenfeld*

Herkulesturm → *Torre de Hercules*

Hiddensee Die 17 Kilometer lange Insel liegt vor → *Rügens* Westküste. Die schmale Insel besteht im wesentlichen aus zwei Teilen: dem hügeligen Norden mit dem 72 Meter hohen Berg Schluckswiek, auf dem der Leuchtturm → *Dornbusch* steht, und dem Hiddenseer Flachland, das südlich vom Dorf Kloster beginnt. Auf dem Flachland steht der kleine Leuchtturm → *Gellen*. An der schmalsten Stelle mißt die Insel 120 Meter. Hiddensees Charme lockt viele Urlauber und Tagesgäste an. Bereits vor dem Ersten Weltkrieg ließen sich prominente Künstler und Intellektuelle auf der Insel nieder oder verbrachten die Sommermonate dort. Der berühmteste von ihnen war der Dichter Gerhart Hauptmann.

Hohe Weg 25 Kilometer nordwestlich von → *Bremerhaven* steht am Rand des Wattgebiets der Leuchtturm Hohe Weg. Bei Flut wird der Leuchtturm zur Insel, bei Ebbe fällt die Sandbank Hohe Weg trocken. Die Geschichte der → *Seezeichen* an diesem Standort im Wattenmeer reicht bis ins 17. Jahrhundert zurück. Damals hatte Bremen begonnen, den Schiffahrtsweg in der Wesermündung zu sichern. Es berührte somit die Interessen des Herzogtums Oldenburg, das zeitweise die Wattengebiete von der → *Jade* bis zur → *Elbe* beanspruchte. Erst nach zähen Verhandlungen gelang es 1697 dem Senat der Hansestadt, den oldenburgischen Landesherren eine Genehmigung zum Aufstellen einer → *Bake* abzuringen. Allerdings verzeichnen wir erst 1783 den Bau der sogenannten „Bremer Bake" auf dem Hohe Weg. 1824 begannen die Bremer mit den Vorbereitungen, die „Bremer Bake" durch einen Leuchtturm zu ersetzen. Wieder gab es Streit mit Oldenburg. Um den zunehmenden Schiffsverkehr zu sichern, legte Bremen 1840 in dem Seegebiet ein → *Feuerschiff* aus. Nachdem die jahrelangen Streitigkeiten beigelegt waren, wurde Johannes Jacobus van Ronzelen (1800 bis 1865) mit dem Bau eines Leuchtturms auf dem Hohe Weg beauftragt. Van Ronzelen stammte aus Amsterdam. Als Ingenieur sammelte er Erfahrungen beim Bau von Kanälen und Marineanlagen, bevor er 1822 Wasserbaudirektor von Amsterdam wurde. In dieser Eigenschaft machte er sich einen über die Grenzen seines Landes hinaus reichenden Namen. Van Ronzelen trat 1827 als Hafenbaudirektor für Bremerhaven und Baurat für das Wasser-, Deich- und Landbauwesen in Bremens Dienste. Unter seiner Planung und Leitung entstanden in Bremerhaven der Alte und der Neue Hafen nebst Schleusen, der Deich, der Hafenort und der Leuchtturm Hohe Weg. Hafenbauwerke schuf er auch in Kiel und → *Cuxhaven*. Der Bau des Leuchtturms Hohe Weg im Wattengebiet war besonders zu damaliger Zeit eine große Herausforderung. An der „Bremer Bake" wurde für die Bauarbeiter eine hochwasserfreie Unterkunftshütte auf Pfählen errichtet und, ebenfalls auf Pfählen, einen Schuppen zur Lagerung der Materialien. Über hohe Stege waren die Pfahlbauten mit der Baustelle verbunden. Für die → *Gründung* des Fundaments, an dem nur bei Ebbe gearbeitet werden konnte, ließ Ronzelen 120 Pfähle in den Sand rammen. Der Bau des Turms hingegen konnte unabhängig von den → *Gezeiten* durchgeführt werden. Trotz wetterbedingter Rückschläge wurde der Turm nach 15monatiger Bauzeit fertig und nahm 1856 den Betrieb auf. Das Feuerschiff verließ seine Position. Einige Jahre später entstand eine Landungsbrücke, auf der von 1893 bis 1976 ein → *Semaphor* stand. Die erste → *Lichtquelle* war Petroleumlicht in einer → *Fresnel-Linse*. Die Linse steht heute im → *Deutschen Schiffahrtsmuseum* in Bremerhaven. 1857 erhielt der Turm eine Telegrafenverbindung mit dem Festland, damit die Leuchtturmbesatzung Schiffs- und Wettermeldungen durchgeben konnte. Im Ersten Weltkrieg wurden in einem eigens dafür errichteten Anbau Flugabwehrsoldaten untergebracht. In den Jahren von 1961 bis 1962 erfolgte der Umbau der → *Laterne*. Seitdem ziert eine Radarantenne das Bauwerk. Nach der → *Automatisierung* verließen 1973 die letzten → *Leuchtfeuerwärter* den Turm. Die Bauwerkhöhe beträgt 36 Meter, die → *Feuerhöhe* 31 Meter. 1996 bekam der achteckige Backsteinturm eine Aluminiumverkleidung.

Hohlspiegel Nach innen gewölbter Spiegel. Ein Mitglied der mathematischen Vereinigung in Liverpool wettete 1763 mit einem Freund, daß er eine Zeitung beim Schein einer 10 Meter entfernten Kerze lesen könnte. Er gewann die Wette, indem er eine Schüssel innen mit Glasstücken beklebte und sich somit einen Scheinwerfer baute. Der zufällig anwesende Kapitän und Hafenmeister William Hutchinson griff die Idee auf und entwickelte die ersten Reflektoren für → *Leuchtfeuer*. Die → *Lichtquelle* befand sich noch vor dem → *Brennpunkt* des Hohlspiegels. Ein Parabolspiegel ist ein Hohlspiegel in der Form eines Rotationsparaboloids zur Bündelung von Strahlen in seinem Brennpunkt oder zur Erzeugung paralle-

Johannes Jacobus van Ronzelen (1800 bis 1865), Wasserbaudirektor, erbaute u. a. den Leuchtturm Hohe Weg.

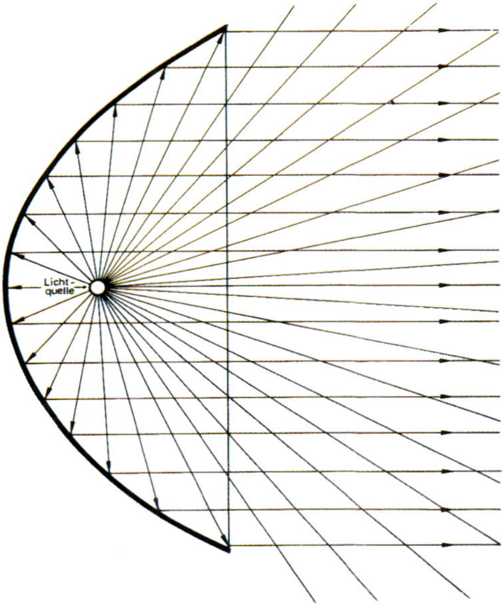

Hohlspiegel: Hat der Hohlspiegel die Form einer Parabel, so nennt man ihn Parabolspiegel. Die Skizze macht den Strahlenverlauf deutlich.

Argandlampe mit Parabolspiegel, auch Reverbere genannt

ler Strahlen beziehungsweise ebener Wellen, wie er heute bei Antennen, astronomischen Spiegelteleskopen und Scheinwerfern geläufig ist. 1792 wurden auf dem Leuchtturm → *Cordouan* zum ersten Mal Parabolspiegel installiert, deren Lichtquellen sich annähernd im Brennpunkt befanden.

Holnis Modern anmutender Leuchtturm an der Flensburger Förde. Der 27 Meter hohe röhrenartige Turm ist seit 1967 in Betrieb. Die → *Feuerhöhe* beträgt 32 Meter. Der Leuchtturm Holnis löste einen viereckigen, nur 13 Meter hohen Backsteinturm ab, der seit 1896 betrieben wurde.

Holtenauer Schleusen, Nord-Seite An der Nordseite der Einfahrt zum → *Nord-Ostsee-Kanal,* von der Kieler Förde kommend, steht der Leuchtturm Holtenauer Schleusen, Nord-Seite. Er wurde von 1894 bis 1895 erbaut und hat eine Höhe von 20 Metern. Der Turm verfügt über eine Gürteloptik, zeigt unterbrochenes → *Feuer* und bezeichnet mit einem großen grünen → *Sektor*, der von weißen Sektoren flankiert wird, die Steuerbordseite der Kanalzufahrt. Im Erdgeschoß des Turmes ist eine Ruhmeshalle, auch Drei-Kaiser-Gedächtnishalle genannt, eingerichtet. In die Bauzeit des Kanals von 1887 bis 1895 fiel die Regentschaft von drei deutschen Kaisern. Der reichverzierte Raum zeigt Bronzebilder und Gedenktafeln. Dem Eingang gegenüber sieht man die Tafel von Kaiser Wilhelm I. Links davon ist die Tafel von Kaiser Friedrich III., dessen Regentschaft nur 100 Tage dauerte, plaziert. Rechts vom Eingang sind das Bronzebild von Kaiser Wilhelm II. sowie die Gedenktafel zur Einweihung des Kaiser-Wilhelm-Kanals installiert.

Hörnum Kleiner Ort mit gleichnamigem Leuchtturm an der Südspitze der Insel → *Sylt.* Zusammen mit den Leuchttürmen → *Pellworm* und → *Westerheversand* ist der Leuchtturm Hörnum von 1906 bis 1907 gebaut worden. Dabei wurden vorgefertigte Eisenelemente von der → *Isselburger Hütte* am Niederrhein vor Ort zu Türmen montiert, so daß man bei diesen drei Leuchttürmen von einer Serienbauweise sprechen kann. Bauwerkhöhe 33 Meter, → *Feuerhöhe* 48 Meter. Im Hörnumer Leuchtturm war von 1927 bis 1933 Deutschlands kleinste Schule untergebracht. Wer mehr über den Leuchtturm-Schulalltag wissen möchte, kann dies in einem Brief nachlesen, der sich im Stadtarchiv von Westerland befindet.

In der Kieler Förde steht an der Einfahrt zum Nordostseekanal der Leuchtturm Holtenauer Schleusen, Nordseite. Dieser 1895 in Betrieb genommene Leuchtturm ist 20 Meter hoch.

Die „Drei-Kaiser-Gedächtnishalle" (oben rechts) im Leuchtturm Holtenauer Schleusen erinnert daran, daß während des Baus des Nord-Ostsee-Kanals drei deutsche Kaiser regierten (1888, das Dreikaiserjahr).

Leuchtturm Hörnum, 1906 bis 1907 erbaut, 33 Meter hoch, in dem einmal Deutschlands kleinste Schule untergebracht war

Leuchtturm Holnis an der Flensburger Förde, 1964 erbaut, 27 Meter hoch

I

Isselburger Hütte Bereits in der ersten Hälfte des 19. Jahrhunderts wurden in Großbritannien große Leuchttürme aus Gußeisenelementen gefertigt, um sie in Einzelteile zerlegt in die Kolonien verschiffen zu können. Über die Niederlande kam die Baumethode nach Deutschland. Die Eisengießerei und Maschinenfabrik Isselburger Hütte am Niederrhein griff die Technik auf und baute nach diesem Prinzip von 1889 bis 1937 zahlreiche Leuchttürme. Die Vorteile gußeiserner Leuchttürme waren in erster Linie die kurzen Montagezeiten und ihr relativ geringes Gewicht. Außerdem konnten Leuchttürme in Serie gebaut werden, wie die Türme → *Hörnum,* → *Pellworm* und → *Westerheversand,* die von 1906 bis 1907 entstanden. Weitere Leuchtturmbauten an der deutschen Nord- und Ostseeküste der Isselburger Hütte sind: → *Borkum, kleiner Turm,* → *Falshöft,* → *Arngast,* → *Weddewarden Unterfeuer,* → *Büsum* und als letztes Bauwerk der kleine zylindrische Turm auf der Helgoländer Düne. Die Isselburger Hütte gehört heute zu einem großen Industriekonzern.

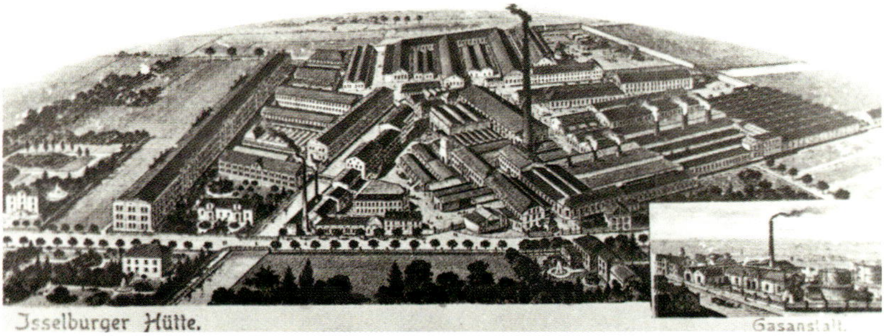

Das Prinzip, vorgefertigte Eisenelemente erst am Standort zu einem Leuchtturm aufzurichten, stammt aus Großbritannien und gelangte im 19. Jahrhundert über Holland nach Deutschland. Die Verbundtechnik der 80 bis 100 Kilogramm schweren Eisenteile zeigt eine Aufnahme aus dem Leuchtturm Büsum, der 1913 fertiggestellt wurde.

An der Baustelle des Leuchtturms Falshöft: Das Foto zeigt den Obermonteur Gottschalk von der Isselburger Hütte (Zweiter von rechts). Er ist nachweislich auch am Bau des Leuchturmes Westerheversand beteiligt gewesen, wofür man ihm 1907 „vollste Zufriedenheit" für die Ausführung aussprach.

Auf einem alten Briefkopf sind die Isselburger Hütte und das Gaswerk im Jahr 1895 dargestellt (oben). Das Fertigen von gußeisernen Elementen für Leuchttürme war nur ein Teil in der Produktionspalette der Eisengießerei und Maschinenfabrik. Großen Erfolg hatte das Unternehmen am Niederrhein auch mit gußeisernen Briefkästen für die Deutsche Reichspost.

J

Jade, Jadebusen Die Jade ist ein Küstenfluß in Niedersachsen und bildet den Abfluß des Vareler Hochmoors. Nach 22 Kilometern mündet der Fluß in den 190 Quadratkilometer großen Jadebusen, eine durch Meereseinbrüche entstandene Bucht der → *Nordsee.* Am Übergang vom Jadebusen zur Außenjade liegt Wilhelmshaven. Mit 88 200 Einwohnern ist Wilhelmshaven keine große, aber eine wichtige Hafenstadt. Hervorzuheben ist, daß Wilhelmshaven der größte Standort der Bundesmarine ist und über den einzigen Tiefwasserhafen an der deutschen Küste verfügt, in dem große Mengen von Erdöl umgeschlagen werden. Trotz der Größe der Jade ist das Navigieren für Supertanker in dem nur 300 Meter breiten → *Fahrwasser* außerordentlich schwierig. Der bekannteste Leuchtturm in der Jaderegion ist → *Arngast,* einer jener legendären Eisentürme der → *Isselburger Hütte.* Alle weiteren → *Leuchtfeuer* am Jadebusen sind weniger spektakulär. Zu nennen sind: → *Voslapp-Oberfeuer,* → *Tossens-Oberfeuer,* → *Eckwarden-Oberfeuer.*

Justiervorrichtung Um eine → *Lichtquelle* genau im → *Brennpunkt* einer → *Optik* zu positionieren, benötigt man eine Justiervorrichtung. Sie kann z. B. aus Linsen, Prismen, Mattscheibe und Fadenkreuz bestehen und ist zweimal in einem gewissen Winkel zueinanderstehend vorhanden. Schaut man hindurch, so muß die Wendel der Glühlampe in der Mitte der Fadenkreuze erscheinen. Die Lampe ist durch Justierschrauben in drei Ebenen verstellbar.

K

Kaiserschleuse Ost → *Pingelturm*

Kalkgrund Leuchtturm in der Flensburger Außenförde. Der Name Kalkgrund bezeichnet eine gefährliche Untiefe, die von 1876 bis 1963 durch ein → *Feuerschiff* markiert wurde. Der bekannte Seebuchautor und Feuerschiff-Kapitän → *Brustat-Naval* beschreibt den Kalkgrund als einen ruhigen Ankerplatz. Im Rahmen eines Ersatzprogramms für die Feuerschiffe entstand von 1962 bis 1963 etwa 2 Kilometer südlich der Feuerschiffsposition der Leuchtturm Kalkgrund. Ursprünglich sollte eine künstliche Insel aufgeschüttet werden, doch dann wurde der Turm direkt in die → *Ostsee* gebaut. Am 11. Juni 1963 wurde der Leuchtturm Kalkgrund in Betrieb genommen. Er war der erste automatisierte Leuchtturm in Deutschland. Kalkgrund zeigt aus einer → *Feuerhöhe* von 23 Metern ein → *Leit-*, → *Quermarken-* und → *Orientierungsfeuer*. Der Turm ist insgesamt 24 Meter hoch. Die Energieversorgung für das → *Leuchtfeuer* und andere elektrische Einrichtungen erhält er über ein Seekabel vom Leuchtturm → *Falshöft*.

Kampen Die Errichtung des Leuchtturms Kampen auf → *Sylt* war eine bauliche Herausforderung. Unter mühseligen Bedingungen wurden von der Ostseeinsel Bornholm gelbe Klinkersteine auf die Nordseeinsel transportiert und 1855 zu dem 40 Meter hohen Turm vermauert. Da Sylt zu jener Zeit unter dänischer Herrschaft stand, war Kopenhagen für das → *Seezeichenwesen* auf der Insel zuständig. In Frankreich orderte die dänische Regierung für 40 000 Taler eine → *Fresnel-Linse* größerer → *Ordnung*, die zuvor ein bestauntes Exponat auf der Pariser Weltausstellung war. 1856 wurde der Leuchtturm Kampen mit einer → *Feuerhöhe* von 62 Metern in Betrieb genommen. Das mächtige Bauwerk wurde mit zunehmendem Fremdenverkehr auf der Insel ein beliebtes Ausflugsziel. Gern stiegen die → *Leuchtfeuerwärter* mit den Besuchern die 179 Stufen hinauf, wo dann in windiger Höhe so mancher Taler seinen Besitzer wechselte. In dem am 13. August 1864 ausgelegten Gästebuch signierten auf der ersten Seite der kaiserliche Hauptmann Heinrich Graf Waldburg, Friedrich Wieser, der noch mit schwungvoller Schrift „Hauptmann im K. u. K. Generalstab“ vermerkte, und der Sylt-Chronist Peter Hansen. Ein paar Seiten weiter ist der Name Friedrich Karl Prinz von Preußen auf dem heute vergilbten Papier zu finden. Fünf Jahre später trägt sich der Prinz, Neffe des späteren deutschen Kaisers Wilhelms I., noch einmal in das Gästebuch des Leuchtturms ein, diesmal mit dem Titel „Generalfeldmarschall“. Unter den über 7000 Eintragungen in dem ersten 1873 abgeschlossenen Buch sind auch der Dichter Wilhelm Raabe und der Verleger Heinrich Brockhaus. Für den einfachen Bürger war der Turm natürlich auch zu besteigen, und so hinterließen auch der Oberkellner Finger aus Wien und sieben Musiker aus Böhmen ihre Spuren auf dem Papier. Die ursprüngliche → *Lichtquelle* war eine Dochtlampe mit → *Rüböl* als Brennmaterial. 3400 Kilogramm wurden davon im Jahr verbraucht, dazu 36 Meter Lampendochte. 1908 erfolgte die Umstellung auf → *Petroleum-Glühlicht.* Anfangs wurde das Leuchtfeuer von drei Beamten bedient, die in dem Leuchtfeuergehöft am Turm mit ihren Familien wohnten. Zwangsläufig entstanden rund um den Turm Viehweiden und Feldwirtschaft, weil die niedrige Besoldung der Wärter diese Zusatzversorgung verlangte. Durch die im Jahr 1929 durchgeführte Umstellung auf elektrischen Betrieb waren Bedienung und Wartung so vereinfacht worden, daß nur noch ein → *Leuchtfeuerwärter* benötigt wurde. 1977 erfolgte die → *Automatisierung,* und der letzte Wärter verließ den Turm. Aber auch an dem Bauwerk wurden im Laufe der Zeit Veränderungen vorgenommen. So mußte bereits 20 Jahre nach seiner Fertigstellung das Mauerwerk 1875 mit mehreren Eisenbändern stabilisiert werden. Vor seinem heutigen kontrastreichen Anstrich, der 1953 erfolgte, waren der Turm und das Gehöft grau. Das seit 1974 als Denkmal geschützte Bauwerk ist 40 Meter hoch, woraus sich mit der Bodenerhebung des Roten Kliffs eine Feuerhöhe von 62 Metern ergibt. In den Dünen nordwestlich von Kampen steht noch der kleine und nicht mehr betriebene Turm → *Rote Kliff, alter Turm.*

Kap Arkona → *Arkona, alter Leuchtturm,* → *Arkona, neuer Leuchtturm*

Kape Auch Kaap, älterer Ausdruck für → *Bake.*

Katadiopter → *Fresnel-Linse*

Katoptrisches System ist die veraltete Bezeichnung für das Spiegelsystem zur Bündelung der Lichtstrahlen.

Keldsnor Auf der dänischen Insel Langeland steht an der Süd-Ost-

Der Leuchtturm Kampen auf der Nordseeinsel Sylt wurde 1855 aus gelben Klinkersteinen gebaut. Seinen kontrastreichen Anstrich, weiß mit einer schwarzen Binde, erhielt der Turm erst 1953, davor war er viele Jahrzehnte grau. Bei Nebel oder diesigem Wetter war Grau eine ungünstige Farbe.

Der Leuchtturm Kampen, 1895 fotografiert. Die bäuerliche Atmosphäre des Bildes täuscht nicht, denn die Leuchtfeuerwärter hatten neben einem Acker auch Vieh in den Ställen. Seit der Automatisierung aller Leuchttürme in Deutschland, die in den 80er Jahren des 20. Jahrhunderts abgeschlossen wurde, gibt es keine Leuchtfeuerwärter mehr an unseren Küsten.

Erst der Größenvergleich mit einem Menschen veranschaulicht die Dimension der Fresnel-Linse auf dem Leuchtturm Kampen. Bei der Optik handelt es sich um eine Gürtellinse größter Ordnung. Die Gabel auf der rechten Bildseite ist die Justiervorrichtung, um die Lampe optimal im Brennpunkt der Linse auszurichten.

Ecke der 34 Meter hohe Leuchtturm Keldsnor. Er wurde 1885 erbaut und 1905 umgebaut. Der Turm hat eine Scheinwerferoptik mit einer Höhe von 2100 mm und einer → *Brennweite* von 700 mm. Zwei Linsenfelder stehen im Winkel von 90 Grad zueinander, und der übrige Bereich wird durch Verdunkelungsschirme abgedeckt. Die elektrische Glühlampe hat 1000 W bei 220 V, eine gleiche Lampe dient als Reserve. Die → *Optik* wurde von der Firma Henry Lepaute in Paris hergestellt. Die → *Tragweite* beträgt 25 → *Seemeilen*. Die Optik ist auf Quecksilber gelagert und wurde ursprünglich durch ein Gewichtsuhrwerk angetrieben. Heute besorgt dies ein Elektromotor. Aus einem Turmfenster wird ein Nebenfeuer gezeigt. Es ist ein → *unterbrochenes Feuer*, 4 Sekunden hell, 1 Sekunde dunkel, und kehrt alle 5 Sekunden wieder. Ein weißer Leitsektor wird von einem roten und einem grünen Warnsektor begrenzt. Der Leuchtturm Keldsnor ist ein weißer, viereckiger Turm aus Stein. Der Turm ist Hauptbestandteil einer umfangreichen und schönen Leuchtturmanlage mit Wohnhaus, Nebengebäuden, Anbauten und einem reizvollen Garten.

Kennung ist die charakteristische Art eines → *Leuchtfeuers*, damit man es identifizieren kann. Man verwendet zahlreiche verschiedene Kennungen, damit sich die Leuchtfeuer gut voneinander unterscheiden.

Kiel Der Leuchtturm Kiel steht 20 Kilometer nordöstlich der Stadt mitten in der → *Ostsee*. Etwas südöstlich vom Leuchtturm Kiel lag bis zur Fertigstellung der künstlichen Leuchtturm- und Lotseninsel das → *Feuerschiff* „Kiel“ als → *Seezeichen* und → *Lotsenstation*. Mit 1,2 Millionen DM im Jahr war der Unterhalt des Feuerschiffs zu teuer. Außerdem waren Besatzung und Schiff einer ständigen Gefährdung durch den regen Schiffsverkehr ausgesetzt. So entstand der Plan, eine künstliche Insel als Leuchtturmträger und Lotsenstation zu bauen. Besondere Schwierigkeiten machte die Konstruktion des Fundaments, da die Lotsenboote bei jedem Wetter an dem massiven Bau anlegen mußten. Aufgrund von Modellversuchen in der Versuchsanstalt für Wasserbau und Schiffahrt in Berlin ist eine rechtwinklige Insel entstanden, die ein Anlegen der Lotsenboote bei unterschiedlichen Wellenrichtungen erlaubt, wobei die Spitze des Dreiecks nach Nordosten zeigt, da aus dieser Richtung der stärkste Seegang zu erwarten ist. Doch nun zum Leuchtturm:

Der Leuchtturm Kiel löste 1967 das Feuerschiff Kiel ab. Während der Leuchtturm unverrückbar auf einer künstlichen Insel steht, blieb das Feuerschiff in Bewegung. Als Reserve-Feuerschiff gelangte „Kiel" in die Nordsee auf die Stationen Elbe, Weser, Borkum und andere. 1986 erfolgte die endgültige Stillegung des Feuerschiffes. Nachdem das Feuerschiff verkauft und zum Segler umgebaut wurde, lief es zuerst unter dem Namen „Confidentia", heute trägt es den Namen „Alexander von Humboldt".

Leuchtturm Keldsnor auf der Süd-Ost-Ecke der dänischen Insel Langeland: 1885 erbaut, 1905 umgebaut, 34 Meter hoch

Am 5. Juli 1967 wurde das Aluminiumbauwerk in Betrieb genommen. Seine Daten: Bauhöhe vom Meeresgrund der Sohle bis zur Radaranlage: 52,5 Meter, davon 33 Meter über dem mittleren Wasserstand. → *Feuerhöhe:* 29 Meter, mit einer → *Tragweite* von 18 → *Seemeilen* im weißen → *Sektor.* Alle Betriebsfunktionen sind automatisiert und werden fernüberwacht. Weitere Leuchttürme vor Kiel, von See aus angesteuert: → *Bülk,* → *Friedrichsort* und → *Holtenauer Schleusen.*

Kirchtürme dienen an der Küste oft als markante Landmarken. Der eindrucksvollste Turm muß jener von der „Alten Kirche" auf der Nordseeinsel → *Pellworm* gewesen sein, der mit ca. 60 Meter Höhe an der flachen Küste weit sichtbar war. Ältestes → *Seezeichen* an der → *Außenweser* ist der sogenannte „Ochsenturm" aus dem 15. Jahrhundert in Imsum, die dazugehörende Kirche wurde 1895 abgerissen.

Klingelturm → *Pingelturm*

Knock Zwischen → *Emden* und → *Campen* macht die → *Ems* bei Knock eine Rechtskurve, bevor sie zwischen den Inseln Borkum und Rottum die offene → *Nordsee* erreicht. An dieser markanten Stelle steht die → *Revierzentrale* Emden-Knock mit einem → *Leuchtfeuer.* Als zweites Leuchtfeuer an der Ems, außer dem Leuchtturm Borkum, ist in einer Aufstellung der Wasserbauinspektion Emden von 1870 eine „Laterne Knock" aufgeführt. 1888 wurde dann ein kleiner, knapp 5 Meter hoher eiserner Turm an der „Sturmecke" Knock errichtet. Er erhielt ein Petroleumlicht, ab 1924 ein Gaslicht, und 1952 wurde er schließlich an das Stromnetz angeschlossen. Im Rahmen des Spülfeldbaus am Rysumer Nacken versetzte man den Turm 1961 um einige hundert Meter weiter nach Westen. An diesem Ort steht seit 1970 der Radar- und Richtfunkturm der Revierzentrale Emden. Das Leuchtfeuer des kleinen Eisenturms ist in das Betriebsgeschoß des neuen Turms integriert worden. Die → *Feuerhöhe* beträgt 29 Meter.

Kohlenblüse → *Blüse*

Köln-Ehrenfeld 1884 baute das Industrieunternehmen Helios in dem Kölner Stadtteil Ehrenfeld sein Werk auf. Das Unternehmen war in kürzester Zeit zu einem der führenden Hersteller von elektrischen Anlagen geworden. Das Verwaltungsgebäude und die dahinter liegende zentrale Montagehalle werden durch einen Eckbau begrenzt, über dessen quadratischem Sockel sich ein 44 Meter hoher Leuchtturm erhob. In einer Werbeschrift aus dem Jahr 1900 heißt es: „Überragt wird die Anlage durch den Versuchsleuchtturm, welcher abends seine Strahlen weit über Köln hinsendet und das leuchtende Wahrzeichen des Unternehmens Helios bildet." Lichtanlagen für die Leuchttürme → *Kampen,* Wangerooge, → *Borkum, kleiner Turm,* → *Arkona, neuer Turm* und → *Roter Sand* sollten in Köln-Ehrenfeld erprobt worden sein. Doch schon bald gingen bei Helios die Lichter aus. Mit der Konkurrenz der Berliner Elektroindustrie, vor allem mit Siemens und AEG, konnte es das Kölner Unternehmen nicht lange aufnehmen. So schlossen 1905 die Werktore. Seitdem hat die Industrieanlage eine wechselvolle Geschichte durchgemacht. Erst wurden in der zweischiffigen Montagehalle Werkzeugmaschinen, dann Motoren hergestellt. 1927 wurde sie zur „Rheinlandhalle" umgebaut und diente als Veranstaltungshalle für Sechstagerennen, Karnevalssitzungen und politische Massenkundgebungen. In den 50er Jahren eröffnete in der Halle der erste Kölner Supermarkt. Vom Leuchtturm war nach dem Krieg nur ein Stumpf übriggeblieben, der mit der Halle 1986 unter Denkmalschutz gestellt wurde. Nach einer umfassenden Sanierung des Fabrikgebäudes mit neuen Nutzungsmöglichkeiten erhielt der Turm 1995 wieder eine → *Laterne* und ein → *Leuchtfeuer.* Aus Gründen der Flugsicherung mußte auf ein → *Drehfeuer* verzichtet werden.

Koloß von Rhodos Antike Kolossalstatue aus Bronze, die zu den Sieben Weltwundern zählt und der Legende nach ein → *Leuchtfeuer* trug. Die Existenz einer riesigen Bronzefigur auf der Mittelmeerinsel Rhodos ist archäologisch nicht gesichert. Das uns bekannte Bild dieser Statue, die einst den Gott Helios darstellte, stammt von dem Barockbaumeister Fischer von Erlach dem Jüngeren (1693 bis 1742). Der Baumeister hatte 1725 in einem Kupferstich jene Vorstellung über Form und Standort des Kolosses von Rhodos entwickelt, wie sie sich in der Renaissance gebildet und bis heute gehalten hat: Der Helios steht mit gespreizten Beinen über einer Hafeneinfahrt und streckt mit einem Arm eine Fackel empor. Berechnungen von Ingenieuren haben ergeben, daß eine Statue in dieser Form nicht möglich ist, außerdem hätte sie keineswegs dem ästhetischen Empfinden jener Zeit entsprochen, wie Vergleiche mit zeitgenössischen Statuen zeigten. Daß es eine große

Figur auf der Insel Rhodos gab, wissen Historiker aus verschiedenen Quellen, doch vermuten sie einen anderen Standort. Demnach war der Koloß ca. 36 Meter hoch und wurde nach 12jähriger Bauzeit 290 v. Chr. fertiggestellt. Bereits 66 Jahre später stürzte ein Erdbeben den Koloß von Rhodos. Reste von ihm sollen Sarazenen 653 n. Chr. zerschlagen haben. Nicht auszuschließen ist, daß der Koloß von Rhodos Seefahrern als → *Tagesmarke* diente.

Körte, Walter Geheimrat Walter Körte (1855 bis 1914) war der Begründer der deutschen Leuchtfeuerwissenschaft. Später wurde er „Königlich Preußischer Wasserbauinspektor". Walter Körte trat 1877 nach dem Studium in die Bauakademie Berlin als Bauführer ein. Erste Herausforderung war der Bau der Moselbahn. Nach seiner Baumeisterprüfung trat er vorübergehend in den Dienst der Stadt Bremen und wurde im Alter von nur 28 Jahren mit dem Bau des Leuchtturms → *Roter Sand* beauftragt. Diese herausragende Aufgabe weckte sein Interesse am → *Seezeichenwesen* und dessen Hilfswissenschaften. Körte überwachte unter anderem den Bau des Leuchtturms → *Campen* und löste mit diesem Bauwerk die lichttechnische Herausforderung der → *Ems*-Befeuerung. Danach wurde er auch mit der Befeuerung der Flensburger Förde beauftragt. 1892 reiste Körte nach Chicago, um dem kaiserlichen Kommissionar beim Aufbau des deutschen Pavillons im Rahmen der Weltausstellung zu helfen. Von 1893 bis 1896 wurde Walter Körte den Kaiserlichen Gesandtschaften in Den Haag und Brüssel zugeteilt. Er verfaßte technische Berichte, die über das Seezeichenwesen hinausgingen. 1896 studierte Körte in Frankreich das dortige Seezeichenwesen. Am 1. Juli 1896 wurde er als Vorstand zum Wasserbauamt Berlin I versetzt. Zusammen mit dem Unternehmer Wilhelm → *Weule* verbesserte er die → *Fresnel-Linse,* indem sie deren katadioptrische Profile änderten und dadurch die Ablenkungsfehler verringerten. Der Seebuchautor → *Brustat-Naval* schrieb über die beiden Männer: „Vom gleichen Interesse beseelt, noch dazu gleichaltrig, ergänzten sie sich etwa in einer Weise, wie es zwischen Carl Zeiss und Ernst Abbe der Fall gewesen sein muß." Am 1. April 1900 wurde Walter Körte der erste Leiter des technischen Referats für das Seezeichenwesen, das er über seine Zeit hinaus beeinflußt hat.

Krautsand Oberfeuer Auf der Insel Krautsand soll von 1901 bis 1977

Zu den sieben Weltwundern der Antike zählen die Pyramiden von Gizeh, die Hängenden Gärten der Semiramis in Babylon, der Zeus von Olympia, der Artemis-Tempel von Ephesos, das Mausoleum von Halikarnass, der Pharos von Alexandria (Seite 133) und der Koloß von Rhodos. Die verbreitete Vorstellung, der Koloß stehe mit gespreizten Beinen über der Hafeneinfahrt von Rhodos und strecke ein Leuchtfeuer in den Himmel, ist Spekulation und läßt sich nicht belegen. Der englische Archäologe Herbert Maryon hat eine Rekonstruktion erarbeitet, wie die Statue technisch und ästhetisch in der Antike ausführbar gewesen wäre, wobei ein zu Boden reichendes Gewand die statisch notwendige dritte Stütze einer zweibeinigen Statue ist.

Walter Körte, hier auf einem Ölgemälde dargestellt, das die Firma Wilhelm Weule in Goslar aufbewahrt: Er war der Begründer der deutschen Leuchtfeuerwissenschaft. Zuvor stellte er seine Fähigkeiten beim Bau des Leuchtturms Roter Sand unter Beweis, der 1885 in der offenen Nordsee vollendet wurde. Körte war nicht nur ein genialer Ingenieur, er soll auch das Violinenspiel virtuos beherrscht haben.

der schönste Leuchtturm an der Unterelbe in Betrieb gewesen sein. Direkt an einem achteckigen Turm aus Backstein lehnte ein schlanker runder Turm, in dem sich der Treppenaufgang für den Hauptturm befand. Diesen Leuchtturm gibt es nicht mehr, und auch die Insel Krautsand ist heute in der Elbmarsch kaum noch als Insel erkennbar. Das heute sichtbare 35 Meter hohe Krautsand Oberfeuer wurde 1908 in Betrieb genommen und bildete mit dem „schönen" Leuchtturm als → *Unterfeuer* eine → *Richtfeuerlinie.* Das → *Oberfeuer* ist eine eiserne Gitterkonstruktion mit einer → *Feuerhöhe* von 36 Metern, das seit 1977 ferngesteuert wird. Unweit des „schönen" Turms entstand 1977 ein neues Unterfeuer, und das alte Bauwerk mit den Doppeltürmen wurde abgerissen.

Kurbelinduktor Im Zweiten Weltkrieg war man bestrebt, zahlreiche → *Leuchtfeuer* bei Annäherung von feindlichen Flugzeugen so schnell wie möglich zu löschen, um ihnen die Orientierung zu erschweren. Das galt besonders da, wo mehrere Leuchttürme relativ nahe beieinanderstehen, also an Flußläufen. Drei oder vier Leuchttürme waren durch Kabel verbunden, und in einem der Türme war der Induktor angebracht. Durch Betätigung der Kurbel konnte der → *Leuchtfeuerwärter* die entsprechenden Leuchtfeuer löschen. Durch die Rotation eines elektrischen Leiters in einem Magnetfeld entsteht eine Spannung, die über ein Magnetventil die Gaszufuhr absperrt bzw. einen elektrischen Schalter betätigt. Nach dem Krieg hat man diese Kurbelinduktoren noch viele Jahre benutzt, da sie effektiv und personalsparend waren.

Kunst Leuchtturmabbildungen sind schon aus der → *Antike* bekannt. Seit Beginn der Neuzeit erscheinen sie auf Kartenwerken, wie etwa auf der → *Vicke-Schorler-Rolle.* Erst im 17. Jahrhundert wurden Leuchttürme zu Motiven in der Malerei. Der französische Landschafts- und Historienmaler Claude Lorrain (1600 bis 1682) skizzierte auf einer Italienreise den Leuchtturm von → *Genua* und malte das Bauwerk mehrmals als Hintergrund seiner sonnigen Hafenansichten. Von dem ebenfalls französischen Maler Claude-Joseph Vernet (1714 bis 1789) sind zahlreiche Leuchtturmdarstellungen bekannt. Vernets Gemälde zeigen oft stürmische Küstenansichten mit dramatischen Schiffbruchsszenen. Der Leuchtturm wird in Vernets Bildern zum Symbol der Hoffnung. Auch deutsche Maler stellten Leuchttürme dar, beson-

Krautsand Unterfeuer, neuer Turm: Auf der Elbinsel Krautsand wurde dieser Turm als Ersatz für das alte Unterfeuer 1977 bis 1978 erbaut. Ende August 1978 wurde er in Betrieb genommen. Der Turm besteht aus glasfaserverstärktem Kunststoff und ist 20 Meter hoch.

Krautsand Oberfeuer, 1907 bis 1908 erbaut, 35 Meter hoch, ging am 15. Februar 1908 in Betrieb. Es handelt sich um einen weiß-rot gestreiften sechseckigen stählernen Gitterturm, von denen es in ähnlicher Bauweise mehrere an der Elbe gibt.

Krautsand Unterfeuer, alter Turm, 1899 bis 1901 erbaut, 22 Meter hoch. Der Turm stand, wie alle Häuser, auf einer Warft, da die Elbinsel damals noch nicht eingedeicht war. Er wurde 1978 abgerissen.

Optik im Krautsand Oberfeuer: Es ist eine Gürtellinse mit einer Brennweite von 300 mm und einer Höhe von 950 mm. Man sieht auch die Haupt- und Reservelampe und die Justiervorrichtung in der Bildmitte.

ders jene, die im 18. und 19. Jahrhundert in Italien lebten. Allen voran steht Goethes Freund Jacob Philipp Hackert (1737 bis 1807), der die Leuchttürme von Genua, Livorno und Neapel malte. Eine besonders schöne Ansicht von dieser süditalienischen Stadt mit Vesuv und Leuchtturm ist vom Künstler im Frankfurter Goethe-Museum ausgestellt. Für die Münchner Hofgartenarkaden schuf Carl Rottmann (1797 bis 1850) einen Zyklus italienischer Landschaften, darunter eine imposante Ansicht der Bucht von Genua mit dem Leuchtturm im Vordergrund. Das Fresko in München ist nicht mehr erhalten, doch bewahrt das kurpfälzische Museum in Heidelberg ein Ölgemälde von Rottmann mit der gleichen Ansicht auf. Im Norden Europas suchte einer der bedeutendsten Maler der Düsseldorfer Schule, Andreas Achenbach (1815 bis 1910), seine Motive. Seine bewegten Küstenansichten zeigen oft Leuchttürme oder kleine → *Leuchtfeuer.* Mehrmals malte Achenbach das Molenfeuer von Ostende an der belgischen Küste. Der Leuchtturm von Honfleur an der Seinemündung ist auf einigen Gemälden des Impressionisten Claude Monet (1840 bis 1926) im Hintergrund abgebildet. Auch die Neoimpressionisten George Seurat (1859 bis 1891) und Paul Signac (1863 bis 1935) widmeten sich dem maritimen Sujet und malten Hafenansichten mit Leuchttürmen. Die deutschen Maler der Künstlergruppe „Die Brücke" verbrachten in den 20er Jahren des 20. Jahrhunderts die Sommermonate oft an der Nord- oder Ostseeküste. Ernst Ludwig Kirchner (1880 bis 1938) wohnte und malte bis 1914 im Leuchtturm → *Staberhuk* auf → *Fehmarn.* Dieser Leuchtturm wurde zur Staffage seiner Strandmotive. Von dem „Brücke"-Maler Karl Schmidt-Rottluff (1884 bis 1976) sind ebenfalls Leuchtturm-Ansichten bekannt. Auf Aquarellen und Gemälden hat der Künstler den Leuchtturm von Jershöft im heutigen Polen festgehalten. Auch Max Pechstein (1881 bis 1955) malte an der → *Ostsee.* Sein 1919 entstandenes Gemälde von einer Dorflandschaft auf der Kurischen Nehrung zeigt den Leuchtturm Nidden mit einer ausladenden Antennenanlage. Weltberühmt sind die Leuchtturmgemälde des amerikanischen Malers Edward Hopper (1882 bis 1967). Seine Ansichten von Leuchttürmen der amerikanischen Ostküste gehören zu den „Ikonen" der modernen Malerei. Der deutsche Marine-Maler Hans Bohrdt (1857 bis 1945) rühmte in vielen seiner Gemälde die maritimen Errungenschaften der wilhelminischen Zeit. Auf einigen seiner Bilder sind große Passagierschiffe, die den Leuchtturm → *Roter Sand* passieren, zu sehen.

Kuriositäten und Rekorde Der Leuchtturm von La Coruña an der spanischen Atlantikküste wurde von den Römern gebaut und ist nach mehrmaligen Umbauten heute noch in Betrieb. Das erste Offshore-Bauwerk in der → *Nordsee* ist der Leuchtturm → *Roter Sand* vor der Wesermündung. Deutschlands höchster Leuchtturm steht bei → *Campen* an der → *Ems* und hat eine Turmhöhe von 65 Metern. Ein Backsteinturm in Travemünde zeigte von 1539 bis 1972 ein → *Leuchtfeuer.* Auf der Insel → *Hiddensee* haben Mönche nachweislich 1306 ein Leuchtfeuer betrieben. Eine → *Fresnel-Linse* auf dem Leuchtturm → *Greifswalder Oie* war nahezu 3 Meter hoch und wog mit Drehgestell mehrere Tonnen. Auch in Bayern gab und gibt es Leuchttürme, so bis 1935 in → *Nürnberg* am Dutzendteich und, heute noch zu bewundern, in → *Lindau* am Bodensee. In → *Köln-Ehrenfeld* steht ebenfalls ein Leuchtturm. Im August 1985 war Wilhelm Krüß der bekannteste → *Leuchtfeuerwärter* rund um den Globus. Nach Angaben des amerikanischen Time-Life-Magazins haben 30 Millionen Menschen den im Blatt abgedruckten Beitrag über den letzten Leuchtturmwärter auf → *Helgoland* gelesen. Auch in der österreichischen Hauptstadt Wien gibt es einen Leuchtturm, allerdings nur als kunstvolles Relief. Auf dem prachtvollen Zinn-Sarkophag der Kaiserin Elisabeth Christine (1691 bis 1770) in der Kapuzinergruft sind ihre Brautfahrt und der Leuchtturm von Barcelona dargestellt. Das weltberühmte Foto von einer riesigen Welle, die sich an einem Leuchtturm bricht, zeigt das Leuchtfeuer „La Jument" an der französischen Atlantikküste. Der Leuchtturm → *Pilsum* an der → *Ems* ist Originalschauplatz in dem Spielfilm „Otto – Der Außerfriesische". Im Leuchtturm → *Hörnum* war von 1927 bis 1933 Deutschlands kleinste Schule untergebracht. In Travemünde steht ein kleiner Leuchtturm, bei dem tatsächlich der Turm leuchtet (→ *Travemünde-Nordmole).* Ein „Zwiebelturm", der auch „Minarett" genannt wird und doch ein Leuchtturm ist, steht in → *Bremerhaven.* In den USA mußte nach 130 Jahren Betriebszeit der Leuchtturm Kap Hatteras vor der Brandung in Sicherheit gebracht werden. Das gut 63 Meter hohe Bauwerk wurde auf Schienen um fast einen Kilometer versetzt.

L

La Coruña → *Torre de Hercules*

Lampentaktung ist eine Möglichkeit der Kennungserzeugung mit elektrischem Glühlicht. Durch einen elektromechanischen Kennungsgeber wird die Glühlampe im gewünschten Takt ein- und ausgeschaltet. Ein kleiner Elektromotor mit Getriebe bewegt Nocken, die in Verbindung mit Federn die elektrischen Kontakte verbinden und trennen.

LANBY → *UFS*

Laterne Verglastes Gehäuse zum Schutz der → *Leuchte* eines → *Leuchtfeuers,* womit der kleine Glaskörper auf einer Leuchttonne, aber auch der mehrere Quadratmeter große und begehbare Oberbau eines Leuchtturms gemeint sein kann. Die Entwicklung der Leuchtfeuerlaterne reicht weit zurück, denn die anfangs verwendeten Öllampen und Kerzen mußten vor Wind und Regen geschützt werden. Aus dem späten → *Mittelalter* ist eine kleine Laterne für Kerzenlicht bekannt, die an einer Kette außen an einem Turm in → *Warnemünde* hing. Der älteste deutsche Leuchtturm mit einer begehbaren Laterne dürfte der von Travemünde gewesen sein. Die heute bekannten Laternen, verglaste zylindrische Gehäuse mit Kuppel- oder Spitzdach, wurden schon vor 1800 in England und Frankreich verwendet und von diesen Ländern exportiert. Die 1814 von dem Hamburger Johann Georg Repsold (1770 bis 1830) gebaute Laterne für den Leuchtturm → *Neuwerk* ist die erste, die in Deutschland hergestellt wurde. Die senkrechten Sprossen der Verglasung wurden von Repsold erstmals gegeneinander versetzt angeordnet, um die Abschattung des Lichtes zu verhindern. Später erhielten Laternen Schrägsprossen. Damit sich kein Schnee festsetzen kann, sind die Scheiben manchmal nach innen geneigt oder wie Autoheckscheiben beheizt. Nicht verglaste Innenflächen einer Laterne sind mattschwarz gestrichen, um irritierende Lichtreflexe auszuschließen. Mancherorts sind Laternen auch Träger von Funk- und Radarantennen.

Leitfeuer → *Leuchtfeuer* zur Bezeichnung eines → *Fahrwassers* mit Leitsektor(en) und mit Warnsektoren. Um sie voneinander unterscheiden zu können, sind sie mit verschiedenen Farben oder → *Kennungen* versehen. Die → *Sektoren* gliedern sich meist in den weißen Leitsektor und jeweils einen roten und grünen Warnsektor.

Angesichts eines flachen Horizonts, seichten Gewässers und einer tiefen Wolkendecke wird die poetische Formulierung „Leuchtfeuer sind Sterne unter den Wolken" noch plastischer. Dieses Foto zeigt den Leuchtturm Norderney.

Der Oberbau eines Leuchtturms wird vom Seezeichenwesen treffend als Laterne bezeichnet, wie die Aufnahme vom Leuchtturm Staberhuk auf Fehmarn es anschaulich macht. Die abgebildete Laterne hat eine interessante Geschichte: Sie stand ursprünglich auf dem Englischen Leuchtturm von Helgoland, der von 1811 bis 1902 sein Licht vom Oberland zeigte. Nach dem Bau eines neuen Leuchtturms auf der Insel wurde die komplette Laterne, in Kisten verpackt, zur Ostseeinsel Fehmarn verschifft, wo sie seit 1904 ein verläßlicher „Stern unter den Wolken" ist.

Leuchtbake → *Bake*

Leuchte Der Begriff umfaßt die gesamte Leuchteinrichtung eines Leuchtturms, also die → *Lichtquelle* und die → *Optik*. In den leuchtfeuertechnischen Berechnungen der Wasser- und Schiffahrtsämter wird aber nur die Optik als Leuchte bezeichnet. Die Lichtquelle wird gesondert beschrieben.

Leuchtfeuer Anlage, die ein Feuer trägt, das über den ganzen Horizont oder in festgelegten → *Sektoren* oder Richtungen gezeigt wird und die bei Tag ein visuelles Zeichen ist (→ *Tagesmarke*).

„Leuchtfeuer" (Zeitschrift) Die Zeitschrift „Leuchtfeuer" wird von Klaus Kern, Rüsselsheim, herausgegeben und befaßt sich mit allen Themen über Leuchttürme, Leuchtbaken, → *Feuerschiffe* und Leuchttonnen. Es werden interessante fachliche Beiträge gebracht und Fragen aus der Leserschaft beantwortet. Man hilft sich gegenseitig bei der Beschaffung von Abbildungen, technischen Daten und → *Bekanntmachungen*. Der Kreis der Leserschaft wird ständig größer. „Leuchtfeuer" gibt es seit 1992.

Leuchtfeuerverzeichnis Verzeichnis aller → *Leuchtfeuer* eines Küstenabschnitts, eines Landes oder einer Region, in dem alle wichtigen Angaben über ein Leuchtfeuer enthalten sind. Ebenso Daten, wie z. B. Position und → *Feuerhöhe*, vor allen Dingen aber die aktuelle → *Kennung*, da diese manchmal geändert wird. In Deutschland werden Leuchtfeuerverzeichnisse vom Bundesamt für Seeschiffahrt und Hydrographie, Hamburg/Rostock herausgegeben.

Leuchtfeuerwärter Umgangssprachlich Leuchtturmwärter. An der deutschen Nord- und Ostseeküste gibt es den Beruf des Leuchtfeuerwärters nicht mehr. In den 70er und 80er Jahren des 20. Jahrhunderts wurden alle deutschen Leuchttürme automatisiert. Dies geschah in dem damals noch geteilten Deutschland unabhängig voneinander. Als letzter Leuchtfeuerwärter Westdeutschlands gilt Ferdinand Denzienen, der am 30. September 1986, in Anwesenheit der Presse, seinen Arbeitsplatz am Klintbarg über der Eckernförder Bucht verließ. Ein noch größeres Medienspektakel war zuvor am 1. August 1986 die Verabschiedung von Wilhelm Krüß auf der Insel → *Helgoland*. Das amerikanische Time-Life-Magazin berichtete über den letzten Leuchtfeuerwärter auf Helgoland. Nach Angaben des Magazins haben

„Er lenkt die Fahrt des Schiffes mit nächtlichem Feuer", lautet die Übersetzung des lateinischen Textes auf einer Verdienstmedaille für die Besatzung des Leuchtturms Roter Sand, verliehen 1963. Die Vorderseite zeigt Christoph Columbus, dessen Onkel übrigens Leuchtfeuerwärter gewesen sein soll.

Die Aufnahme aus dem Leuchtturm Roter Sand (oben links) zeigt einen Leuchtfeuerwärter mit der Hand an der Taste eines Morsezeichengebers. Nicht nur der Leuchtturm Roter Sand war auch Telegrafen-, Wetter- und Schiffsmeldestation.

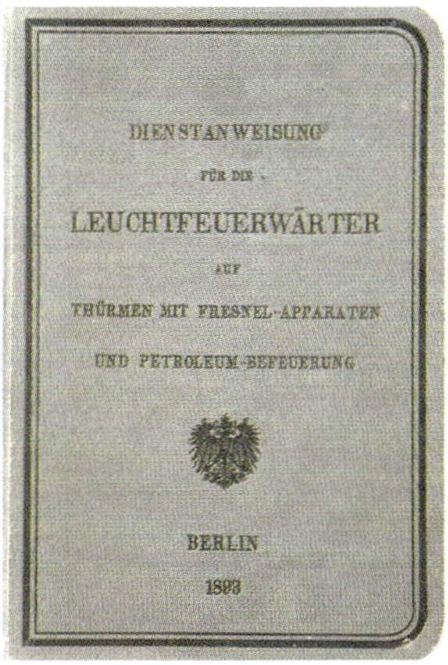

DIENSTANWEISUNG

FÜR DIE

LEUCHTFEUERWÄRTER

AUF

THÜRMEN MIT FRESNEL-APPARATEN

UND PETROLEUM-BEFEUERUNG

BERLIN

1893

Dem Beruf des Leuchtfeuerwärters haftete etwas Romantisches an, doch war die Realität eine andere. Dienstanweisungen regelten den Alltag im und am Leuchtturm.

Nur noch privat steigt der ehemalige Leuchtfeuerwärter von Westerheversand, Heinrich Geertsen, die Stufen zur Laterne hinauf. Seit 1986 gibt es in Deutschland keine Leuchtfeuerwärter mehr.

30 Millionen Menschen den illustrierten Beitrag gelesen. Zu Zeiten der DDR und nach der Wiedervereinigung betreute Walter Hoerenz auf der Insel → *Hiddensee* den Leuchtturm → *Dornbusch*. Allerdings entsprachen seit der → *Automatisierung* des → *Leuchtfeuers* Dornbusch im Jahre 1978 die Aufgaben von Hoerenz nicht mehr denen eines Leuchtfeuerwärters.

Die Aufgaben eines Leuchtfeuerwärters haben sich stets der technischen Entwicklung angepaßt, und auch die Berufsbezeichnung änderte sich. An dieser Stelle soll erwähnt werden, daß es auch Leuchtfeuerwärterinnen in Deutschland gab. Oft waren sie an der Seite ihrer Ehemänner Hilfsleuchtfeuerwärterinnen. Der Leuchtturm → *St. Peter-Böhl* wurde von 1956 bis 1978 von einer Frau gewartet. Erster urkundlich erwähnter Leuchtfeuerwärter in Deutschland war der „Custos Lucene" in Travemünde, der 1316 ein offenes → *Feuer* betrieb. Offene Feuer blieben bis Anfang des 19. Jahrhunderts die beherrschende Leuchtfeuertechnik. Da Leuchtfeuer in entlegenen Küstenregionen oder auf schwer zugänglichen Inseln benötigt wurden, waren es im → *Mittelalter* mancherorts Mönche aus Einsiedeleien und Klöstern, die als Leuchtfeuerwärter dienten, wie etwa auf dem → *Gellen* der Insel Hiddensee. Ihre Aufgabe war es, das Brennmaterial, wie Holz, Stroh oder Torf, zu beschaffen, das Feuer rechtzeitig zu zünden und es während der Nacht in Betrieb zu halten. Mit der Einführung der → *Blüse* und der Kohle als Brennmaterial wurde das Dasein der Leuchtfeuerwärter nicht einfacher. Die „Blüsenmeister" und ihre „Feuerknechte" mußten, wie auf Helgoland, Kohle schleppen, Asche beseitigen und in windstillen Nächten den Blasebalg treten. Um diese Männer in die Pflicht zu nehmen, gab es auf → *Fehmarn* den Brauch, alljährlich die „Bakenbrenner" bei einem „Lüchterschnaps" zu vereidigen.

Die zunehmende Technisierung der Leuchtfeuer im 19. Jahrhundert mit Gas und → *Petroleum*, mit Linsen und Mechanik, aber auch der expandierende Schiffsverkehr und die daraus resultierende Dichte von Leuchttürmen an den Küsten ließen den Beruf des Leuchtturmwärters komplizierter werden. Dienstanweisungen bestimmten von nun an den Ablauf auf einem Leuchtturm. 1893 erschien, um ein Beispiel zu nennen, die „Dienstanweisung für Wärter der mit Fresnelschen Apparaten ausgestatteten und mit Petroleum befeuerten Leuchttürme nebst zusätzlicher Bestimmung für die Bedienung der

Leuchtapparate mit Parabolischen Reflektoren".
Wie sah im beginnenden 20. Jahrhundert das Leben auf einem Leuchtturm aus? In der Regel dienten mehrere Leuchtfeuerwärter auf einem Turm. Je nach Personalstärke gab es Oberleuchtfeuerwärter und Leuchtfeuermaschinisten, aber auch Hilfsleuchtfeuerwärter. Den Männern sowie ihren Familien stand eine Wohnung im Leuchtfeuerwärterhaus zu, das meistens in unmittelbarer Nähe des Turms stand. Zwei Leuchtfeuerwärter waren im Dienst, während der dritte pausierte. Folgende Tätigkeiten standen an: das Reinigen der zum Teil riesigen → *Optiken*, im Winter die → *Laterne* von Eis und Schnee befreien, das Hochkurbeln der schweren Antriebsgewichte bei → *Drehfeuern*, das Transportieren von Petroleum aus dem Lager in die Laterne, das rechtzeitige Zünden der Lampe vor Sonnenuntergang. In der Nacht mußte durch das Regulieren des Dochtes für eine gleichmäßige Flamme gesorgt werden. Weiterhin galt es, alle Einrichtungen im und am Turm zu warten oder instand zu halten. Schiffsbeobachtungen und Wettermeldungen gehörten auf einigen Türmen ebenfalls zu den Pflichten eines Leuchtfeuerwärters. Abgeschiedenheit von Versorgungseinrichtungen und die niedrige Besoldung der Wärter verlangten, wo es möglich war, die Bewirtschaftung eines Ackers. Die Leuchtfeuerwärter und ihre Familien waren in jener Zeit auf ein Zubrot aus der Landwirtschaft oder aus dem, was Küste und Strand hergaben, angewiesen. Auf dem Sylter Ellenbogen erhielten zwei Leuchtfeuerwärter sogar eine Schankerlaubnis, um frierende Soldaten mit warmen Getränken zu versorgen. Mit der Elektrifizierung der Leuchtfeuer vereinfachte sich das Leben der Leuchtfeuerwärter. In der ehemaligen DDR unterstanden die Leuchtfeuerwärter dem → *Seehydrographischen Dienst (SHD)* und somit indirekt der Volksarmee, in der Bundesrepublik der Wasser- und Schiffahrtsverwaltung des Bundes, einer dem Verkehrsministerium unterstellten Behörde, die seit 1989 auch die Seezeichenbelange an der Küste Mecklenburg-Vorpommerns regelt.

Leuchttürme im Binnenland → *Bregenz*, → *Elbe*, → *Köln-Ehrenfeld*, → *Lindau*, → *Moritzburg*, → *Nürnberg*, → *Weser*

Lichtquelle Die Lichtquelle befindet sich im → *Brennpunkt* der → *Optik*. Alle Parallelstrahlen treffen sich im Brennpunkt, nachdem sie durch die Linse gebrochen wurden.

Lichtquellenwechselvorrichtung Mit Einführung der Elektrizität auf den Leuchttürmen erkannte man sehr schnell die Notwendigkeit einer automatischen Wechselvorrichtung, denn die Stromzufuhr kann aus verschiedenen Gründen unterbrochen sein, außerdem kann eine Glühlampe durchbrennen. Bei Stromausfall kann z. B. auf Gasbetrieb umgeschaltet werden. Elektromechanisch wird eine Sperre gelöst, ein → *Zuggewicht* dreht die Wechselvorrichtung um 180 Grad und schwenkt den Gasglühstrumpf in den → *Brennpunkt* der → *Optik*. Gleichzeitig öffnet sich das Gasventil, und der Glühstrumpf wird durch eine ständig brennende → *Zündflamme* in Betrieb gesetzt. Eine andere Vorrichtung wechselt eine durchgebrannte Glühlampe gegen eine gleichartige Reservelampe aus. Es gibt auch Mehrfachwechsler, bei denen drei oder vier Reservelampen zur Verfügung stehen. Tritt eine Wechselvorrichtung in Tätigkeit, so weist ein Signal in der → *Revierzentrale* auf diesen Umstand hin. Ein Monteur tauscht dann so bald wie möglich die defekte Lampe gegen eine neue aus.

Lichtstärke → *Candela*

Lindau Die Inselstadt Lindau hatte früher wegen ihrer Lage den Beinamen „im Bodensee". Nach der Eingemeindung von zahlreichen Dörfern befindet sich nun der größte Teil ihrer Fläche auf dem Festland. Nur ein Fünftel der ca. 25 000 Einwohner lebt auf der Insel. Die 68 Hektar große Insel besitzt so viel historische Bausubstanz, daß sie als Ganzes unter Denkmalschutz gestellt wurde. Am Bodenseehafen stehen die Wahrzeichen der Stadt, zum einen der Bayerische Löwe aus Kelheimer Marmor und zum anderen der 33 Meter hohe Leuchtturm. Mit einer Wasserfläche von 570 Quadratkilometern war der Bodensee ein wichtiger Handelsweg und ist heute → *Fahrwasser* für Fähren, unzählige Sportboote und zahlreiche Ausflugsschiffe aus Deutschland, Österreich und der Schweiz. In Lindau wurde schon im → *Mittelalter* der aus dem 13. Jahrhundert stammende Mangturm als Leuchtturm genutzt. An der Hafeneinfahrt ist auf der Westmole von 1853 bis 1856 der Neue Leuchtturm errichtet worden. Er ist der größte Leuchtturmbau an einem deutschen Binnengewässer. Das → *Leuchtfeuer* besteht aus zwei drehbaren → *Parabolscheinwerfern*, die alle drei Sekunden einen → *Blink* erzeugen. Seit 1936 wird das Leuchtfeuer elektrisch betrieben. Davor wurden → *Rüböl*, → *Petroleum* und Gas als → *Brennstoff* für die Lampen ver-

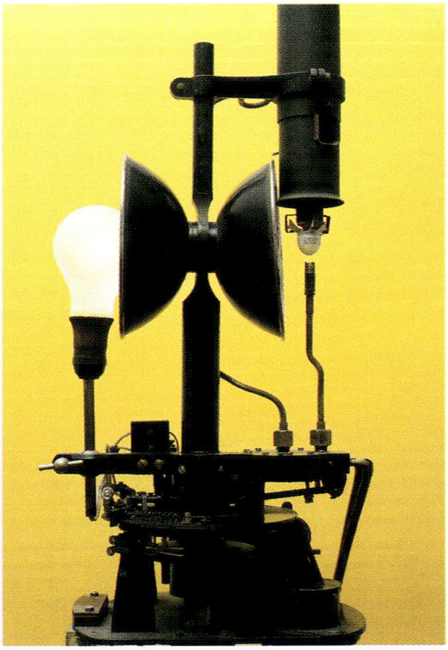

Lichtquellenwechselvorrichtung: Bei einer Störung wird von elektrischem Betrieb auf Gasbetrieb gewechselt. Diese Vorrichtung war ca. 30 Jahre lang die Standardausrüstung eines Leuchtfeuers an Flußläufen (oben links und rechts).

In Lindau am Bodensee steht der einzige „klassische" Leuchtturm an einem deutschen Binnengewässer. Er mißt 33 Meter und wurde von 1853 bis 1856 gebaut. Alle anderen Leuchttürme im Binnenland, die das Herz eines Liebhabers dieser Bauwerke höher schlagen ließen, sind oder waren Schau-, Test-, oder Leuchttürme, die als maritime Kulissen dienten. Beispiele sind in diesem Buch zu finden unter den Stichworten: Nürnberg, Moritzburg, Köln-Ehrenfeld und Bregenz, das zu Österreich gehört. An Elbe, Weser und Ems stehen große Leuchttürme.

wendet. Der → *Leuchtfeuerwärter* mußte früher bei → *Nebel* noch zusätzlich eine Nebelglocke oder den Blasebalg für das Nebelhorn betätigen. Wie die Leuchttürme an der Nord- und Ostseeküste ist der Neue Leuchtturm von Lindau heute automatisiert. Allerdings wird der Turm am Bodensee nicht von der Wasser- und Schiffahrtsverwaltung, sondern von der Deutschen Bundesbahn unterhalten, die mit den schweizerischen und österreichischen Bahnen die Schiffahrtslinien auf dem See betreibt. Der Neue Leuchtturm ist für Besichtigungen freigegeben. Von der → *Galerie* aus kann der Besucher einen herrlichen Rundblick über die Stadt und den Bodensee genießen. Im Inneren des Leuchtturms wird auf Informationstafeln viel Wissenswertes über Turm, See und Umgebung vermittelt.

List Ost steht, wie der Leuchtturm → *List West*, auf dem zur Insel → *Sylt* gehörenden Ellenbogen. Das Bauwerk unterscheidet sich vom Leuchtturm List West durch eine rote Binde am Turmschaft, die → *Laterne* ist ebenfalls rot. Die → *Feuerhöhe* ist mit 23 Metern verzeichnet, der Turm hat eine Bauwerkhöhe von 13 Metern. Landseitig steht unterhalb der Dünen das Haus für die ehemaligen → *Leuchtfeuerwärter*. 1914 stellte der Leuchtfeuerwärter Möller den Antrag für eine Schankerlaubnis, um „frierende Soldaten gegen Erkältung und leichte Krankheiten mit geringen Mengen alkoholischer Getränke zu schützen". Beide Türme sind heute durch ihre kompakte und kleine Bauweise sowie durch ihre harmonische Einbindung in die Dünenlandschaft beliebte Film- und Fotomotive. Nautische Aufgaben und technische Details unter → *List West*.

List West Leuchtturm auf der Nordseeinsel → *Sylt*. Zusammen mit dem Leuchtturm → *List Ost* steht er mitten in einem Naturschutzgebiet auf dem Ellenbogen, dem Nordende der Insel. Der Leuchtturm List West ist Deutschlands nördlichstes Bauwerk. Seine Bauwerkshöhe beträgt 11 Meter, seine → *Feuerhöhe* 19 Meter. Der Leuchtturm ist weiß mit roter → *Laterne* und arbeitet seit 1977 ferngesteuert. Das Bauwerk wurde zusammen mit dem in 2,7 Kilometer Entfernung stehenden Leuchtturm List Ost von 1856 bis 1857 noch zu dänischer Regierungszeit aus gußeisernen Segmenten gebaut. Beide Leuchttürme führen die Küstenschiffahrt als → *Leit-* und → *Quermarkenfeuer* aus dem Lister Tief in das Landtief und weiter zum Hafen List oder zur dänischen Insel Römö. Die beiden

Der Leuchtturm List West wurde wie der Leuchtturm List Ost 1856 bis 1857 noch zu dänischer Regierungszeit aus Eisen gebaut.

Der Leuchtturm List-Ost: Die dänische Regierung hatte um 1750 zur Sicherheit der Schiffahrt im Lister Tief Tonnen ausgelegt und auf dem Ellenbogen Baken aufstellen lassen. Das Listland gehörte damals verwaltungsmäßig zum Amt Ripen. Die auf dem Ellenbogen später errichteten zwei kleinen Feuerbaken mit ihrem schwachen Licht genügten bald den Anforderungen der Schiffahrt nicht mehr. Das Königlich-Dänische Marineministerium entschloß sich daher, zwei feste Leuchttürme auf dem Lister Ellenbogen zu errichten. Den Eigentümern der Grundstücke wurde eine Entschädigung gezahlt.

Türme auf dem Ellenbogen sind die ältesten Eisenleuchttürme in der Bundesrepublik Deutschland, die noch ihr Licht zeigen.

Loschen, Simon (1818 bis 1902) Der Bremer Architekt Simon Loschen fühlte sich den kulturellen Strömungen seiner Zeit verpflichtet, die unter anderem von einer romantischen Verklärung des → *Mittelalters* geprägt wurden. Im Widerspruch zu kunsthistorischen Erkenntnissen wurde damals die gotische Spitzbogenbauweise als deutscher Stil ausgegeben. Auch Simon Loschen hatte sich die Wiederbelebung der Gotik, speziell der norddeutschen Backsteingotik, zum Ziel gesetzt und mit seinen Bauten beachtliches Ansehen erlangt. Zeugnisse seiner neugotischen Baukunst sind in → *Bremerhaven* die Bürgermeister-Smidt-Gedächtniskirche, der Wasserturm im Leher Stadtpark und das regional schönste Bauwerk: der Leuchtturm → *Bremerhaven Oberfeuer*. Der 38 Meter hohe Leuchtturm am Schlepperhafen wird auch Simon-Loschen-Turm genannt.

Lotsenstation und Leuchtturm bilden an manchen Orten eine Einheit. An der Nord- und Ostseeküste sind sie größtenteils nur noch von historischer Bedeutung. Der Lotse dient der Schiffsführung als nautischer Berater. Er ist Experte für ein regionales Seegebiet, einen bestimmten Hafen, einen Kanal oder einen Fluß. Für manche → *Fahrwasser* besteht Lotsenzwang. Da Leuchttürme an für die Schiffahrt gefährlichen Punkten stehen sowie Flußmündungen und Kanaleinfahrten markieren, deckten sich vereinzelt die Aufgaben des Leuchtfeuer- und des Lotsenwesens: an der deutschen Nord- und Ostseeküste in → *Falshöft*, → *Schleimünde*, → *Kiel*, → *Travemünde, alter Turm*, → *Timmendorf* auf der Insel Poel und → *Warnemünde*. Vor der Einführung des Seefunks um 1900 war es wichtig, rechtzeitig die Ankunft eines Schiffes zu melden, um einen Lotsen bereitstellen zu können. Im alten Turm von Travemünde ist die Lotsenkammer auf halber Turmhöhe zu besichtigen. Von dort wurde die Lübecker Bucht mit einem Teleskop beobachtet. Der Leuchtturm Kiel ist die einzige heute noch betriebene Leuchtturm-Lotsenstation in Deutschland.

Lühe, altes Unterfeuer hat seinen Standort an der → *Elbe* westlich der Lühe-Mündung. 1907 wurde ein 17 Meter hoher weißer Turm mit direkt anschließendem Wohnhaus für die → *Leuchtfeuerwärter* gebaut. In der → *Laterne* war eine → *Gürtellinse* mit → *Otterblen-*

Bremerhaven Oberfeuer: Der reich verzierte Turm wurde von dem Bremer Architekten Simon Loschen im Stil der norddeutschen Backsteingotik erbaut. Der Leuchtturm gilt in der Region als eines der schönsten Bauwerke.

Historische Darstellung eines Lotsenbootes vor dem Leuchtturm Travemünde

Leuchtturm Lühe, 1907 erbaut, 17 Meter hoch: Das ehemalige Unterfeuer wurde 1970 durch einen Neubau ersetzt und die Laterne entfernt. Die Wohnung des Leuchtfeuerwärters wird heute privat genutzt.

den aufgestellt. Die erste → *Lichtquelle* war → *Petroleum-Glühlicht,* später Glühlampenlicht. Seit 1970 ist das → *Feuer* außer Betrieb, da ein neuer Turm gebaut wurde. Um das historische Gebäude und dessen Erhaltung bemüht sich der Interessenkreis „Ehemaliges Unterfeuer Lühe“, allerdings hat der Turm keine Laterne mehr.

M

Manginspiegel Der aus Glas bestehende Manginspiegel ist ein → *Hohlspiegel*, dessen innere Fläche stärker gekrümmt ist als die reflektierende Rückseite. Aus dem → *Brennpunkt* kommende Strahlen werden an der Rückseite reflektiert und beim Austritt an der Innenseite des Spiegels so gebrochen, daß sie parallel laufend den Spiegel verlassen. Der Manginspiegel war früher u. a. auf dem → *Bremerhaven Oberfeuer* eingesetzt.

Marienleuchte, alter Turm Nordöstlich von Puttgarden, auf dem Oldeborgshuk, stehen zwei Leuchttürme, die beide Marienleuchte heißen, von denen aber nur noch einer in Betrieb ist. Am 28. Oktober 1832 wurde der erste Leuchtturmbau auf der Insel → *Fehmarn* feierlich seiner Aufgabe übergeben und zu Ehren der dänischen Königin Maria Sophie Friederike, Gattin von König Frederik VI., auf den Namen Marienleuchte getauft. Zu dieser Zeit war der dänische König noch Herzog von Schleswig und Graf von Holstein. Die königlichen Initialen, die während des Baus angebracht wurden, sind bis zum heutigen Tag erhalten geblieben. Vor dem Bau des Leuchtturms Marienleuchte brannte auf dem Oldeborgshuk eine Feuerbake, die von einem „Bakenbrenner“ aus Puttgarden unterhalten wurde. An allen gefährlichen Landecken oder Landspitzen Fehmarns, den Huks, waren „Bakenlüde“ angestellt. Einmal im Jahr mußten die „Bakenlüde“ zu einer Art Vereidigung im Amtshaus in Burg erscheinen. Danach bekam jeder von ihnen in der Ratsschenke drei Glas Branntwein und je eine Kanne Bier eingeschenkt. Man nannte die Schnäpse im Volksmund „Lüchterschnaps“ und die Bierkanne „Fürlüper-Stöpen“. Die nautische Aufgabe von Marienleuchte war, vor dem gefährlichen Puttgardenriff zu warnen, einer steinigen Untiefe, die vielen Schiffen zum Verhängnis wurde. Die alte Marienleuchte sah nicht wie ein Leuchtturm aus. Zwei Haushälften flankierten einen 18 Meter hohen Mittelbau, auf dem die heute ausgediente → *Laterne* stand. Anfangs erzeugten sechs Lampen mit → *Hohlspiegeln* das → *Leuchtfeuer*. Als Brennmaterial diente → *Rüböl*. 1877 wurde die → *Tragweite* des Lichtes mit einer → *Fresnel-Linse* verbessert. Weitere Modernisierungen folgten, doch wurde nach 135 Jahren Betrieb die alte Marienleuchte den Anforderungen des modernen Schiffsverkehrs nicht mehr gerecht. Das Feuer wurde 1967 gelöscht.

Marienleuchte, neuer Turm Nur einen Steinwurf von der alten Leuchte entfernt steht seit 1967 ein 33 Meter hoher Turm mit einer → *Feuerhöhe* von 40 Metern. Die → *Sektoren* seines Blinkgruppenfeuers sind eine wichtige Navigationshilfe im Fehmarnbelt für den Fährverkehr der Vogelfluglinie zwischen den Inseln → *Fehmarn* und Lolland in Dänemark und für die Schiffahrt auf dem Kiel-Ostsee-Weg. Vielleicht sind auch die Tage des neuen Turms Marienleuchte gezählt, da über den Bau einer Brücke zwischen den beiden Inseln nachgedacht wird.

Mellumplate Neben dem Leuchtturm auf der Insel → *Helgoland* ist auch der Leuchtturm Mellumplate ein Bauwerk aus dem Zweiten Weltkrieg. Beide Türme dienten auch der Luftabwehr, Helgoland als Flakleitstand und Mellumplate als Flakturm. Südöstlich von Wangerooge soll es der Legende nach eine Insel gegeben haben, auf der das Schloß Mellum stand. Ob Legende oder Wahrheit, Tatsache ist, daß an jener Stelle in der Wesermündung (→ *Außenweser und Wesermündung*) eine Untiefe die Schiffahrt gefährdete. Um angreifende Flugzeuge möglichst weit vor dem Festland unter Feuer zu nehmen, wurde kurz nach dem Beginn des Krieges auf der Untiefe mit dem Bau eines Flakturms begonnen. Wie schon beim Bau des Leuchtturms → *Roter Sand* mußte in dem ca. 10 Meter tiefen Wasser mit einem → *Caisson* gearbeitet werden. Neben den schweren Geschützen sollte der Turm ausreichend Munition und 40 Soldaten aufnehmen. 1942 war der Turm fertiggestellt und 1945 der Krieg zu Ende. Nun begann die maritime Laufbahn des Turms. Nachdem die Geschütze abgebaut wurden, trägt das wuchtige Bauwerk seit 1946 ein → *Leuchtfeuer.* Um das schadhaft gewordene Mauerwerk vor Feuchtigkeit zu schützen, erhielt der Turm 1968 eine Verkleidung aus Aluminium-Profilplatten. Seit 1973 ist das Leuchtfeuer ferngesteuert. Das Wartungspersonal kann seitdem auf einer Hubschrauber-Landeplattform über der → *Laterne* abgesetzt werden. Ebenfalls 1973 erhielt der Turm als erster ein → *Präzisionssektorenfeuer.* Die Bauwerkhöhe beträgt 32 Meter, die → *Feuerhöhe* ist mit 28 Metern vermessen.

Mielstack Unterfeuer Das Unterfeuer Mielstack an der → *Elbe* bildet zusammen mit dem → *Oberfeuer* → *Somflether Wisch* eine → *Richtfeuerlinie* elbabwärts. Der steinerne viereckige Turm mit angebautem Wohnhaus hat verputzte, weißgestrichene Flächen mit

Für die beiden Leuchttürme Marienleuchte, alter Turm, und Marienleuchte, neuer Turm, auf der Insel Fehmarn war die dänische Königin Marie Sophie Friederike die Namenspatronin, weil ihr Mann, König Frederik VI., dänischer König, Herzog von Schleswig, Graf von Holstein und somit auch Regent über Fehmarn war.

Der neue Leuchtturm Marienleuchte ist eine wichtige Navigationshilfe für den Fährverkehr der Vogelfluglinie zwischen Deutschland und Dänemark (oben links).

Der seit 1967 stillgelegte Leuchtturm Marienleuchte auf einer historischen Postkarte

abgesetzten Kanten aus rotbraunen Ziegelsteinen. Auf der → *Galerie* befindet sich eine weiße runde → *Laterne* mit schwarzem kegelförmigem Dach. Als Abschluß dient ein Entlüfter mit Wetterfahne. Das Wohnhaus hat ein rotes Ziegeldach, dessen First früher durch zwei Dachknäufe verziert wurde. Das → *Leuchtfeuer* scheint weiß in der Richtlinie. Früher gab es mehrere → *Sektoren* mit verschiedenen → *Kennungen* und Farben. Die Kennungen wurden durch → *Otterblenden* mit Antrieb durch → *Quecksilbermotor* erzeugt. Eine → *Gürtellinse* mit 200 Millimeter → *Brennweite* verstärkte das Licht einer 250-Watt-Lampe. Der Turm steht in der Ortschaft Lühe, direkt an der Straße hinter dem Deich. Erbaut: von 1905 bis 1906, gezündet: 25. Februar 1907. Höhe über dem Erdboden: 16 Meter, → *Feuerhöhe* 13 Meter.

Mischfeuer ist eine Zusammensetzung aus zwei oder mehreren → *Kennungen*. Sie sind in Deutschland nicht mehr üblich. In Dänemark gibt es ein Beispiel: Der Leuchtturm Hirtshals hat ein Mischfeuer, bestehend aus einem → *festem Feuer* und einem → *Blitzfeuer*. Aus dem Lichtschein heraus zuckt alle 30 Sekunden ein Blitz. Vor und nach jedem Blitz verdunkelt das Feuer für kurze Zeit. Der Grund dafür ist die Art, wie die Kennung erzeugt wird.

Mittelalter Lübeck wurde im Mittelalter ein Zentrum der Hanse mit ausgedehnten Handelsrouten. Besonders der Handel mit den östlichen Regionen war lukrativ. So reihten sich von Lübeck aus in Richtung Osten Hansestädte wie Perlen auf einer Schnur: Wismar, Rostock, Stralsund, Stettin, Danzig, Königsberg. Schon früh haben die Hanseaten an der Ostsee → *Leuchtfeuer* errichtet. Das erste wird vermutlich um 1222 an der Südwestspitze Schwedens, damals dänisch, gestanden haben. Dann folgte 1226 Lübeck mit einem Leuchtfeuer in Travemünde, wo sich Deutschlands erster → *Leuchtfeuerwärter* nachweisen läßt. In erster Linie waren aber die mittelalterlichen Schiffahrten in der → *Nord-* und → *Ostsee* Küsten- und Tagesfahrten. Die Schiffer orientierten sich an Landmarken wie Bergen, Baumgruppen oder → *Kirchtürmen*, Mühlen und → *Baken*.

Moritzburg Vor den Toren Dresdens hinterließ August der Starke (1670 bis 1733) königliche Spuren. Inmitten eines großen Waldgebietes ließ er einen barocken Prachtbau zum Jagen und Feiern errichten –

Mischfeuer

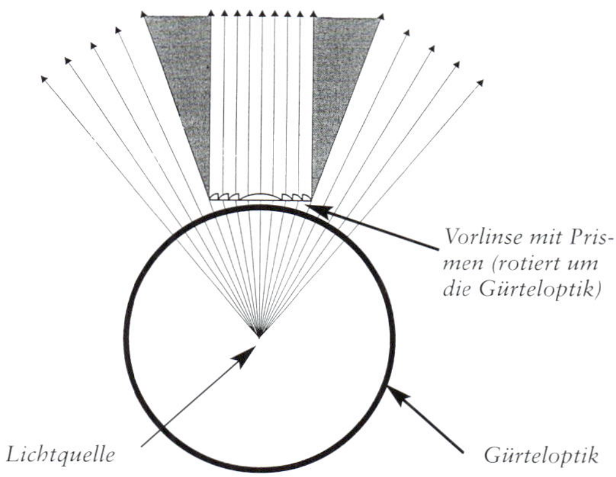

Leuchtturm Mielstack an der Elbe, erbaut 1905 bis 1906, 16 Meter hoch: Dieser Turm ist ein typisches Unterfeuer, von denen es an der Elbe mehrere in ähnlicher Form gegeben hat (oben links).

Schwungradluftpumpe und Druckluftbehälter im Leuchtturm Mielstack (oben Mitte), um den Quecksilbermotor zu betreiben (siehe Seite 140 bis 141)

Diese Skizze zeigt ein Beispiel, wie die Kennung für ein Mischfeuer erzeugt werden kann. Der Strahlenverlauf soll die beiden Dunkelzonen vor und nach dem Blitz verdeutlichen.

Schon im Mittelalter hatte man Baken oder kleine Türme, an denen man eine Laterne mit Kerzen aufhängen konnte.

Dieser kuriose Leuchtturm diente im 18. Jahrhundert adligen Gesellschaften unter anderem als Kulisse für gespielte Seeschlachten. Er steht in der Nähe von Dresden bei der Moritzburg (oben).

die Moritzburg. Von seinen Nachkommen wurde die Schloßanlage durch acht kleine Pavillons und das um 1770 entstandene Fasanenschlößchen ergänzt. Ganz in der Nähe steht am Bärensdorfer Großteich ein Leuchtturm, der wohl zwischen 1780 und 1790 gebaut wurde. Der Pseudo-Leuchtturm diente als realistische Kulisse für gespielte Seeschlachten mit kleinen Schiffen.

Museum In Deutschland gibt es kein spezielles Leuchtturm-Museum, doch zeigt das → *Deutsche Schiffahrtsmuseum* Exponate zum Thema. In einigen zur Besichtigung freigegebenen Leuchttürmen sind Anschauungsmaterial oder historische Leuchtfeuergeräte ausgestellt. Im Ausland gibt es Leuchtturmmuseen zum Beispiel in Penzance, Cornwall, sowie das „Trinity House National Lighthouse Centre" in London.

Museumshäfen In einigen Nord- und Ostseehäfen, aber auch an → *Elbe,* → *Weser* und → *Ems*, gibt es Liegeplätze für Traditionsschiffe. Ausgediente → *Feuerschiffe* sind im Hafen der Insel Borkum, am Ratsdelft in → *Emden*, in → *Cuxhaven*, im Museumshafen Hamburg-Oevelgönne und an der Hamburger Überseebrücke, im → *Deutschen Schiffahrtsmuseum* → *Bremerhaven*, in Wilhelmshaven, im Holstenhafen Lübeck und in Heikendorf bei Kiel zu besichtigen.

In Museumshäfen oder an Liegeplätzen für Traditionsschiffe haben die meisten ausgedienten Feuerschiffe in Deutschland als technik- und kulturgeschichtliche Denkmäler eine neue „Position“ gefunden. Da öffentliche Gelder fehlen, werden die Feuerschiffe von Fördervereinen oder Interessengemeinschaften unterhalten. Die Laterne eines Feuerschiffes zeigt daher ihr Licht nicht über der sturmbewegten Nordsee, sondern über dem ruhigen Hafen von Emden.

Das Feuerschiff „Deutsche Bucht“ wurde 1914 gebaut und lag bis 1963 auf der Feuerschiffstation Amrumbank. Als Reserve-Feuerschiff markierte es die Positionen Elbe 1, Weser, Borkumriff und Deutsche Bucht. 1983 erfolgte die Stilllegung des Schiffes, das seit 1984 als Touristenattraktion am Ratsdelft in Emden viele Besucher erfreut. Das Feuerschiff befindet sich in einem fahrfähigen Zustand.

Aus der Elbmündung nach Hamburg-Altona: das Feuerschiff „Elbe 3“ im Museumshafen Oevelgönne (oben). 1888 wurde das Schiff als Schoner für eine Station in der Wesermündung gebaut. 1924 bis 1928 erfolgten erste Modernisierungen, 1937 gab es einen grundlegenden Umbau. Das Feuerschiff lag im Laufe der Jahrzehnte auf mehreren Positionen in deutschen Gewässern. Zuletzt auf der Station „Elbe 3“, wo es 1977 durch eine Großtonne ersetzt wurde.

N

Nebel Luft kann Feuchtigkeit aufnehmen. Je höher die Temperatur, desto mehr Wasserdampf kann aufgesogen werden. Beträgt die relative Luftfeuchtigkeit 100 Prozent, so ist der Taupunkt erreicht. Bei weiterer Abkühlung der Luft entsteht Nebel (→ *Nebelschallanlage*).

Nebelhorn → *Nebelschallanlage*

Nebelschallanlage Nebel behindert die Schiffahrt ganz erheblich, denn jede optische Orientierung ist entweder stark eingeschränkt oder ganz ausgeschlossen. Man ist dann auf akustische Signale angewiesen. Als es noch kein Radar gab, verständigten sich Schiffe untereinander durch Glockensignale, wenn sie vor Anker lagen, oder durch Signale mit der Dampfpfeife bzw. dem Typhon, wenn sie in Fahrt waren. Trotz Radar werden auch heute noch von der Küste aus Signale mit Nebelhörnern oder Nebelkanonen gegeben. Nebelhörner können mit Dampf oder Druckluft betrieben werden. Für Knallsignale benötigt man Schießbaumwolle. Verwendet werden auch Dampfpfeifen und Sirenen.

Nebelsignalanlage → *Nebelschallanlage*

Nebelsignalkanone → *Nebelschallanlage*

Neuland Mit dem Zünden eines Sektorenfeuers auf dem 40 Meter hohen Leuchtturm Neuland im Jahre 1918 wurde eine Seezeichenlücke zwischen der Kieler Förde und dem Fehmarnsund geschlossen. Auch militärisch-strategische Gründe spielten bei dem Bau des Leuchtturms eine Rolle, der nach ähnlichen Bauplänen erstellt wurde wie der Leuchtturm → *Flügge* auf der Insel → *Fehmarn*. Für den störungsfreien Betrieb des Leuchtturms Neuland an der Hohwachter Bucht hatten bis 1982 → *Leuchtfeuerwärter* zu sorgen, die neben dem Turm wohnten. Die → *Feuerhöhe* des Leuchtturms beträgt 40 Meter. Seit 1999 ist das Leuchtfeuer nicht mehr in Betrieb. Das Bauwerk dient jetzt der Bundesmarine als Signalturm bei Schießübungen.

Neuwerk Die vor der Elbmündung gelegene Marschinsel Neuwerk gehörte bis 1937 zu Hamburg, dann zu Preußen, und seit 1961 gehört sie wieder zu Hamburg. Der wuchtige Leuchtturm auf der Insel steht 105 Kilometer Luftlinie vom Hamburger Zentrum entfernt und ist das älteste profane Bauwerk der Stadt. Dieses Kuriosum erinnert an die mittelalterliche Macht- und

Aufsteigender Nebel hat wenige Minuten nach dieser Aufnahme das Leuchtfeuer Westerheversand für die Schiffahrt und den Fotografen unsichtbar gemacht.

Nebelschallanlage: Deutlich sind die vier Schalltrichter zu erkennen. Oft findet man zwei kleine und zwei große Hörner, die einen Doppelton erzeugen und damit ein größeres Klangvolumen haben. Die historische Aufnahme zeigt eine nicht mehr vorhandene Nebelschallanlage vor dem Leuchtturm Dahmeshöved.

Leuchtturm Neuland an der Ostseeküste Schleswig-Holsteins: Der Turm ist 1915 bis 1916 erbaut worden. In Betrieb genommen wurde er 1918. Heute wird das 40 Meter hohe Gebäude nicht mehr als Leuchtturm genutzt.

Wirtschaftspolitik der Hansestädte Hamburg und Lübeck, das in jener Zeit seinen Nordseehandel über die Stadt an der Alster und → *Elbe* abwickelte. Neuwerk war um 1300 eine unbewohnte und auch namenlose Insel. In alten Urkunden wird sie als „Novo O“, als „Neue Insel“, bezeichnet, war ein Indiz dafür, daß die Insel erst im → *Mittelalter* vom Festland getrennt wurde. Im November 1299 ließ sich Hamburg durch einen Vertrag mit den Herzögen von Sachsen, denen der Flecken im Watt gehörte, die Befugnis erteilen, dort nach Belieben aus Holz oder Stein ein Bauwerk zu errichten. Dies war wohl eine Finte, um den Bau einer Festung zu ermöglichen, die als Stützpunkt des hamburgischen Handels und als Bollwerk gegen Seeräuber an der Elbmündung dienen sollte. Daß sich der Burgturm auch als → *Bake* beziehungsweise als Tagessichtmarke bewähren würde, war eine willkommene Beigabe. Von 1300 bis ca. 1310 ist das „werc“ aus Ziegelsteinen errichtet worden. An die 10 000 Tonnen Baumaterial mußten in umständlichen Transporten aus Hamburg oder vom 12 Kilometer entfernten Festland herbeigeschafft werden. Der Turm ist quadratisch mit einer jeweiligen Seitenlänge von 13,5 Metern angelegt und mißt vom Erdboden bis zur Plattform des Dachstuhls 28 Meter. 1312 konnte die erste Besatzung aufgenommen werden. Eine 1887 unternommene Untersuchung des Fundaments brachte einen Balkenrost, auf dem eine Lage Findlinge ruhte, ans Tageslicht. Das darauf gegründete Mauerwerk durchbricht nach einem Meter das Erdreich, so daß der gesamte Unterbau knapp 5 Meter mißt. In älterer Zeit besaß der Turm nur einen Zugang in etwa 8 Meter Höhe. Dieser war nur über eine Leiter zu erreichen, die im Fall einer Belagerung eingezogen werden konnte. Zwischen 1375 und 1379 sind erneut Bauarbeiten an dem Turm aus alten Hamburger Kämmereirechnungen belegt. Vermutlich war der Turm ausgebrannt. Erst 1814 wird die Turmburg auf Neuwerk Leuchtturm. Allerdings gab es auf Neuwerk seit 1644 eine → *Blüse*, die bis 1815 betrieben wurde. Aufgrund der guten Erfahrungen mit dem Leuchtturm → *Cuxhaven* beschloß die Hamburger Admiralität, zwei → *Feuer* auf Neuwerk zu errichten. Ein Feuer sollte die im Unterhalt sehr teure Blüse ablösen, das andere auf dem Burgturm installiert werden. Zweck des Doppelfeuers war es, die erste → *Richtfeuerlinie* in der Elbmündung zu schaffen, damit Schiffe sicher den gefährlichen Vogelsand passieren

Die Insel Neuwerk mit dem wuchtigen Backsteinturm, der ein Leuchtfeuer trägt, ist geographisch ca. 9 Kilometer nordwestlich vor der Küste von Cuxhaven im Wattenmeer gelegen. Sie besteht aus 115 Hektar eingedeichtem Marschland und 178 Hektar Deichvorland. 1996 wurden 34 Einwohner gezählt, die politisch vom 150 Kilometer entfernten Bezirksamt Hamburg Mitte verwaltet werden. Jährlich kommen mehr als 100 000 Besucher zu Fuß oder im Pferdewagen durch das Watt auf die Insel. Auch über die Elbe ist die Insel bei Hochwasser von Cuxhaven aus mit dem Schiff zu erreichen. Der Plan, einen Tiefwasserhafen bei Neuwerk zu errichten, wurde aufgegeben. Der Turm „Neuwerk“ ist erst seit 1814 Leuchtturm. Die Plattform, auf der die Laterne mit einem dachartigen Unterbau steht, ist für Besucher freigegeben. Die historische Abbildung zeigt den Turm ohne Leuchtfeuer und mit hochgelegtem Eingang, der vor unliebsamen Gästen und vor Sturmfluten schützen sollte.

konnten. Die erste Leuchtfeuereinrichtung auf dem Burgturm bestand aus 21 Parabolspiegeln mit jeweils einer → *Argand-Lampe*, die → *Rüböl* verbrauchte. Die → *Laternen* für beide Türme hatte der Hamburger Mechaniker, Amateurforscher und Oberspritzenmeister Johann Georg Repsold (1770 bis 1830) gefertigt. Allerdings mußte der kleine, nur 16 Meter hohe Turm 1885 nach fortschreitender Ausdehnung der Sandbank → *Großer Vogelsand* und der folgenden Verlagerung des → *Fahrwassers* gelöscht werden. Das verbliebene → *Leuchtfeuer* auf dem Burgturm zeigt heute mit einer modernen → *Lichtquelle* aus 38 Meter Höhe ein → *Quermarkenfeuer* mit einer → *Tragweite* von 16 → *Seemeilen* im weißen → *Sektor*. Bis zur Plattform, die das Leuchtfeuerdachgeschoß trägt, ist der Turm für Besucher freigegeben.

Norderney Es waren Bremer Kaufleute, die um 1850 mit zahlreichen Eingaben einen Leuchtturm auf Norderney forderten. Sie fanden in → *Bremerhaven* beim Hafenbaudirektor Johannes Jacobus van Ronzelen Unterstützung, der die Notwendigkeit für ein → *Leuchtfeuer* auf Norderney erkannte und die „völlige Finsternis“ um die Insel beklagte. Norderney war bis dato ein schwarzes Loch in der Leuchtfeuerkette. Auf → *Borkum* und → *Wangerooge* standen Leuchttürme. Im Jahr 1872 wurde die Firma Ernst Schumacher aus Leer beauftragt, mit dem Bau des Leuchtturms auf der Insel zu beginnen. Nach zweijähriger Bauzeit konnte am 1. Oktober 1874 auf dem 54 Meter hohen Backsteinturm das Petroleumlicht gezündet werden. Seine sich heute noch drehende → *Fresnel-Linse* hatte eine Firma in Paris gefertigt und als Reparationszahlung, infolge des Krieges 1870/71 mit Frankreich, geliefert. Das Glaswunder besteht aus 1018 Prismen und 24 Linsen mit einem Gesamtgewicht von circa 3,5 Tonnen. Zu dem Turm gehörte ein Dienstgebäude, in dem drei → *Leuchtfeuerwärter* untergebracht waren. Bereits 1912 wurde ein Wärter abgezogen. In der damaligen Reduzierung des Personals spiegelte sich schon die Weiterentwicklung der Leuchtfeuertechnik wider, die 1975 in der vollständigen → *Automatisierung* vorerst einen Höhepunkt erreichte. Viele Besucher haben seit der Erbauung des Leuchtturms die 253 Stufen bis zur → *Galerie* bestiegen und den schönen Ausblick über die Dünen genossen. „Das Tabakrauchen im Turm sowie das Mitnehmen von Stöcken und Schirmen in die Laternenstube ist verboten“, mahnt ein Inselreiseführer von 1890.

Leuchtturm Norderney: „Von hier an herrscht völlige Finsternis", schrieb 1857 Johannes Jacobus van Ronzelen, der uns auch beim Bau des Leuchtturms Hohe Weg begegnet ist, über Norderney. Ronzelen war einer der bedeutendsten Hafenbaumeister im 19. Jahrhundert. Das schwarze Loch zwischen Borkum und Wangerooge wurde erst am 1. Oktober 1874 auf Norderney geschlossen. Auf dem 54 Meter hohen Backsteinturm brannte damals Petroleumlicht. Seit 1975 ist das heute elektrische Leuchtfeuer automatisiert. Über 253 Stufen ist die Galerie zu erklimmen. Wie bei allen Leuchttürmen, die bestiegen werden können, bleibt die Laterne für Touristen geschlossen: Sie bekämen eine Fresnel-Linse 1. Ordnung zu sehen. Die Linse wurde bei der Firma Lemonier & Cie. in Paris hergestellt und gelangte als Reparationszahlung infolge des Krieges von 1870/71 nach Norderney.

Die → *Feuerhöhe* beträgt 59 Meter.

Norddeich Die Wasserbauinspektion Norden errichtete 1899 auf dem Dammkopf des neu erbauten Hafens Norddeich einen kleinen Molenturm mit einem ungewöhnlichen → *Leuchtfeuer*, das bei einem historischen Rückblick nicht fehlen darf. Die Einrichtung bestand aus einer Arzberger Lampe, wie sie an den Küsten der Adria vielfach verwendet wurde. Sie war in Triest hergestellt worden und gelangte über die damalige Leuchtfeuer-Versuchsanstalt an die Nordseeküste. In dem aus Wellblech hergestellten Laternenhaus war eine → *Gürtellinse* mit einem dreiflammigen Benzinbrenner aufgestellt worden. Die aufsteigende warme Luft der Lampe trieb über Leitschaufeln einen sogenannten „Lindbergschen Umläufer" an, der das Licht alle 3 Sekunden unterbrach. Die Leuchtfeuereinrichtung ist nicht mehr vorhanden.

Nordfriesische Inseln Kein anderer Landstrich in Europa ist den → *Gezeiten* und den rauhen Kräften des Meeres so ausgesetzt wie Nordfriesland mit seinen Inseln und Halligen. Das Gebiet war einmal seewärts durch höher gelegenes Geestland abgeschirmt. Reste davon sind die Inseln → *Sylt*, → *Amrum* und → *Föhr*. Sturmfluten haben das niedriger gelegene Marschland zerstört und die heutige geographische Situation mit einem der schwierigsten Gewässer für die Schiffahrt geschaffen. Große Leuchttürme stehen auf Sylt, Amrum und → *Pellworm*, kleinere Türme auf Föhr sowie auf der Hallig Langeneß und auf → *Oland*.

Norddorf → *Amrum*

Nordmarsch Leuchtturm auf der Hallig Langeneß, der seit 1902 in Betrieb ist. Der Backsteinbau mit einer eisernen → *Laterne* erreicht eine → *Feuerhöhe* von 13 Metern, die Bauwerkhöhe beträgt 11 Meter. Die Hallig Langeneß liegt südlich der Inseln → *Amrum* und → *Föhr*.

Nord-Ostsee-Kanal Früher Kaiser-Wilhelm-Kanal genannt. Die künstliche Wasserstraße ist nicht die erste direkte Verbindung zwischen der → *Nordsee* und der → *Ostsee*. Bereits 1784 wurde der Eiderkanal, auch als Schleswig-Holstein-Kanal bekannt, eröffnet, um den gefährlichen Seeweg um Jütland zu verkürzen. Doch reichte die Wasserstraße nicht für die größer werdenden Schiffe. Der Nord-Ostsee-Kanal wurde von 1887 bis 1895 gebaut und von Kaiser Wil-

Auch eine historische Karte der Nordsee beflügelt kaum die Vorstellung, daß dort, wo heute Watt und Inseln sind, noch vor gut 10 000 Jahren festes Land war. Die äußere Grenze umschloß damals die Doggerbank weit außerhalb des Kartenausschnitts, der die Ostfriesischen Inseln zeigt.

Die Stadt Nürnberg mit einem Leuchtturm in Verbindung zu bringen, bedeutet ein paar Seiten der Geschichte aufzuschlagen, denen man gerne das warnende Licht eines Leuchtturms gewünscht hätte. 1906 wurde anläßlich einer Industrie- und Kunstausstellung am Dutzendteich in Nürnberg ein Leuchtturm gebaut. Nach 1933 entstand um den Dutzendteich das NS-Reichsparteitagsgelände. Im Zuge der Bauarbeiten wurde der beliebte Leuchtturm 1935 gesprengt.

helm II. eröffnet. Heute ist die 99 Kilometer lange Wasserstraße einer der meistbefahrenen Seekanäle der Welt. An seinen Mündungen, in Brunsbüttel und in Kiel-Holtenau, zeigen → *Leuchtfeuer* die Einfahrt an, und Schleusen gleichen die unterschiedlichen Wasserhöhen aus. Der Leuchtturm → *Holtener Schleusen, Nord-Seite* ist eines der interessanteren Gebäude am Kanal. Das Molenfeuer ist → *Seezeichen* und Denkmal zugleich.

Nordsee Das 580 000 Quadratkilometer große Randmeer des Atlantischen Ozeans zwischen dem europäischen Festland, den Britischen Inseln und Skandinavien hat eine mittlere Wassertiefe von 94 Metern. Der südlichste trichterförmige Teil der Nordsee ist die Hoofden, die südöstlichste Bucht die → *Deutsche Bucht* mit → *Jadebusen*, Elbmündung und Wesermündung. An der deutschen Nordseeküste sichern zahlreiche Leuchttürme die Schiffahrtswege oder warnen vor Küste und Untiefen. Der bekannteste von ihnen ist der Leuchtturm → *Roter Sand*, der wie auch die Türme → *Hohe Weg*, → *Alte Weser* und → *Großer Vogelsand* im Meer steht. Die einzige Hochseeinsel im deutschen Nordseegebiet ist → *Helgoland*.

Nürnberg Anläßlich der Bayerischen Landes-, Gewerbe-, Industrie- und Kunstausstellung wurde 1906 am Dutzendteich in Nürnberg ein Leuchtturm gebaut. Das Bauwerk war als Aussichtsturm gedacht und hatte im Inneren einen elektrischen Fahrstuhl, imitierte aber das → *Leuchtfeuer* eines echten Leuchtturms. Nach 1933 entstand um den Dutzendteich das NS-Reichsparteitagsgelände, wofür die Fläche des Sees erheblich verkleinert wurde. Im Oktober 1935 wurde der bei den Nürnbergern sehr beliebte Leuchtturm am Dutzendteich im Zuge der Bauarbeiten für die Kongreßhalle gesprengt.

O

Oberfeuer Ein Oberfeuer bildet zusammen mit einem → *Unterfeuer* eine → *Richtfeuerlinie*. Das Oberfeuer ist der höhere, vom Wasser weiter entfernt stehende Turm.

Oland Für dieses → *Quermarkenfeuer* an der schleswig-holsteinischen Westküste, das seit 1929 in Betrieb ist, ist der Begriff „Leuchtturm" geschmeichelt, doch gehört das → *Seezeichen* zu den originellsten an den deutschen Küsten. Der rechteckige Ziegelsteinbau von 7,45 Meter Höhe trägt keine → *Laterne,* sondern ein schmuckes Reetdach. Das → *Leuchtfeuer* befindet sich an der Außenseite des Gebäudes unterhalb des Reetdaches und erinnert in seinem Aussehen an eine Schiffslaterne. Die → *Feuerhöhe* wird mit 7 Metern angegeben.

Optik ist die Bezeichnung für eine aus Linsen und Prismen bestehende Vorrichtung, die geeignet ist, das Licht einer → *Lichtquelle* zu bündeln und ganz erheblich zu verstärken. Man unterscheidet die Gürteloptik und die Scheinwerferoptik (→ *Fresnel-Linse*).

Ordnung In Frankreich wurden die → *Optiken* ab 1826 nach ihrer → *Brennweite* in 6 Ordnungen, d. h. Größen, eingeteilt:
1. Ordnung 920 mm Brennweite
2. Ordnung 700 mm Brennweite
3. Ordnung 500 mm Brennweite
4. Ordnung 250 mm Brennweite
5. Ordnung 187,5 mm Brennweite
6. Ordnung 150 mm Brennweite
Ab 1903 gab es in Deutschland 8 Größen: 900, 700, 500, 400, 300, 250, 200 und 150 mm Brennweite. Ab und zu findet man auch Optiken, die außerhalb dieser Norm liegen, z. B. 185, 280, 375, 1330 mm Brennweite.

Orientierungsfeuer Im Gegensatz zu Richt-, → *Leit-* und → *Quermarkenfeuern* dienen die → *Seefeuer* als Orientierungsfeuer. Sie haben, von einigen Ausnahmen abgesehen, keine → *Sektoren.*

Ostfriesische Inseln Im Gegensatz zu den → *Nordfriesischen Inseln*, die durch das Überfluten ehemaliger Marschflächen zwischen dem 14. und 17. Jahrhundert vom Festland getrennt worden sind, verdanken die Ostfriesischen Inseln ihre Existenz dem Anspülen gewaltiger Sandmassen nach der letzten Eiszeit durch das Meer. Durch Landabbruch und Landanspülung driften die Inseln langsam von West nach Ost. Diesen Prozeß versucht man durch wirksame Inselschutzmaßnahmen zu stoppen. Auf drei von den insgesamt sieben Ostfriesischen Inseln stehen Leuchttürme: → *Borkum, großer Turm* und → *Borkum, kleiner Turm* sowie das historische Bauwerk → *Borkum, alter Turm*. Auf → *Norderney* befindet sich ein großer Ziegelsteinturm, und die Insel Wangerooge bietet den historischen → *Wangerooge, Westturm*, den als Museum und Aussichtsplattform genutzten → *Wangerooge, alter Leuchtturm* sowie den 1969 fertiggestellten Leuchtturm → *Wangerooge, neuer Leuchtturm*.

Ostsee Schon im → *Mittelalter* gab es an der Ostsee → *Leuchtfeuer*. Heute stehen über zwanzig Leuchttürme an der deutschen Ostseeküste, von denen die meisten aus dem 19. Jahrhundert stammen und nur → *Falshöft* ein klassischer Eisenturm ist, wie etwa → *Hörnum* auf → *Sylt*. Die Ostsee ist ein kleines, flaches Nebenmeer des Atlantiks, durch die skandinavische Halbinsel und Jütland von diesem getrennt. Über Skagerrak und Kattegat ist das Binnenmeer mit der → *Nordsee* verbunden. Durch diese Meerengen findet nur ein geringer Wasseraustausch statt. Durch den Zufluß von Süßwasser liegt der durchschnittliche Salzgehalt des Baltischen Meeres, wie die Ostsee auch genannt wird, weit unter dem des Atlantiks. In der mittleren Ostsee beträgt der Tidenhub nur wenige Zentimeter. Die durchschnittliche Tiefe liegt bei 55 Metern. Anrainerstaaten sind Deutschland, Dänemark, Schweden, Finnland, Rußland, Estland, Lettland, Litauen und Polen.

Otter, Carl Gustaf Freiherr von (1827 bis 1900) Der Schwede Carl Gustaf Freiherr von Otter war Seeoffizier und als Beamter u. a. auch im Lotsen- und Leuchtfeuerwesen tätig. Im Jahre 1876 konstruierte er den nach ihm benannten Blendenapparat, die → *Otterblenden*.

Otterblenden sind senkrecht stehende schmale Bleche, die vor einer → *Lichtquelle* angeordnet der Kennungserzeugung dienen. Sie sind um die senkrechte Achse drehbar. Im geöffneten Zustand stehen sie radial zur Lichtquelle, und im geschlossenen Zustand überdecken sich die Bleche um 12 bis 15 Millimeter, ohne sich dabei zu berühren. Sie drehen sich also um etwas weniger als 90 Grad. Man faßt immer einige Blenden zu Gruppen zusammen. So ist man in der Lage, von einer Lichtquelle aus verschiedene → *Kennungen* zu installieren: z. B. einen Leitsektor mit → *unterbrochenem* Feuer, einen Warnsektor an Backbord mit

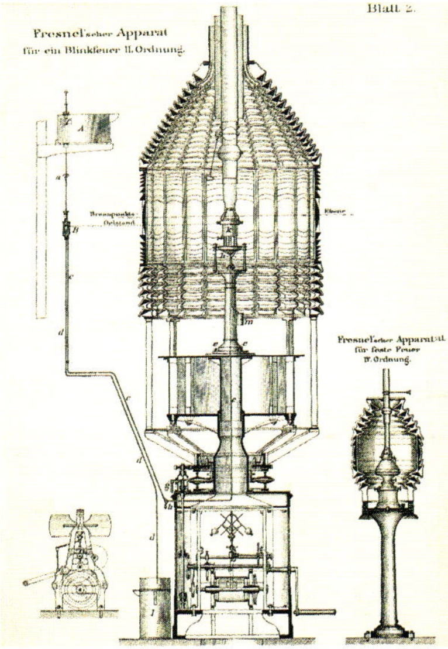

Das Bild zeigt eine Scheinwerferoptik 2. Ordnung mit 20 Feldern auf dem Drehtisch mit Gewichtsantrieb. Rechts davon steht eine Gürteloptik.

Gürteloptik 5. Ordnung (oben rechts).

Schweinwerferoptik 1. Ordnung mit vier Feldern: Diese Optik steht im Leuchtturm Greifswalder Oie und ist eine der größten Optiken aus dem Hause Wilhelm Weule, Goslar.

gerader Blitzkennung und einen Warnsektor an Steuerbord mit ungerader Blitzgruppe. Auch bei Richtfeuern war diese Methode üblich. Die Otterblenden mit ihrer Blitzkennung konnten so auch vor einem Verlassen des → *Fahrwassers* warnen, während ein Richtfeuer nur anzeigte, daß man sich in der Mitte des Fahrwassers befindet. Der Antrieb der Otterblenden erfolgte durch Gewichtsuhrwerk, → *Quecksilbermotor*, Elektromagnete oder Elektromotor. Obwohl sich die Otterblenden sehr gut bewährt haben, findet man sie heute nur noch selten, da sie der ständigen Wartung bedürfen und es keine → *Leuchtfeuerwärter* mehr gibt. Die wenigen noch in Betrieb befindlichen Otterblenden werden elektromagnetisch, also wartungsarm, betrieben.

Otterblenden im geöffneten Zustand (oben)

Otterblenden im geschlossenen Zustand: Der mittlere Bereich hat keine Blenden und zeigt festes Feuer.

Otterblenden halb geöffnet: Man erkennt deutlich die schrägstehenden Bleche.

Carl Gustaf Freiherr von Otter (1827 bis 1900), Erfinder des nach ihm benannten Blendenapparates

P

Parabolscheinwerfer sind Hohlspiegel, die im Längsschnitt die Form einer Parabel haben. Die Strahlen einer im → *Brennpunkt* stehenden → *Lichtquelle* werden gebündelt und parallel abgestrahlt. Setzt man einige Parabolscheinwerfer nebeneinander an einen Ring und möglichst eine zweite Reihe versetzt dazu darüber, um Dunkelwinkel zu vermeiden, so kann man über einen gewünschten Winkel ein → *festes Feuer* zeigen. Man kann auch einige dieser Scheinwerfer an einem Ring in einigem Abstand befestigen und das Ganze langsam rotieren lassen, um ein → *Blinkfeuer* zu zeigen. Parabolscheinwerfer in Verbindung mit einer → *Argand-Lampe* nennt man auch → *Reverberen.*

Pegel, Pegeluhr Der Pegel ist ein Wasserstandanzeiger, der in seiner einfachsten Form aus einer Meßlatte mit Skala besteht. Der Wasserstand kann auch durch Signalarme, durch eine Uhr oder einen Rollbandpegel angezeigt werden. Nachts werden entsprechende Lichtsignale gezeigt. In Gewässern, in denen → *Gezeiten* herrschen, wird auch signalisiert, ob das Wasser steigt oder fällt. Bei einem selbstschreibenden Pegel werden der Verlauf des Wasserstands und die Zeit aufgezeichnet.

Peilturm ist ein Turm mit bekanntem Standort, der als → *Tagesmarke* angepeilt werden kann (→ *Gömnitzer Turm*).

Pellworm Die Insel Pellworm vor der schleswig-holsteinischen Westküste ist Standort von zwei bedeutenden → *Seezeichen.* Da wäre zum einen der weithin sichtbare Leuchtturm Pellworm zu nennen und zum anderen – zur Überraschung vieler Binnenländer – auch die alte Kirchturmruine. Um 1585 zeichnete der Kartograph Waghenaer eine → *Seekarte* von der → *Deutschen Bucht.* Die schleswig-holsteinische Küste ist aus der Perspektive eines von Holland kommenden Schiffes dargestellt. An der Südflanke einer Insel, fast zur offenen → *Nordsee* hin, ist der → *Kirchturm* von Pellworm als unverkennbares Seezeichen markiert. Am 5. April 1611, zwischen sechs und sieben Uhr morgens, ist der ca. 60 Meter hohe Kirchturm ohne erkennbare Einwirkungen durch Sturm oder Blitzschlag eingestürzt. Über viele Jahrhunderte hin diente der Turm den Seeleuten als markante → *Tagesmarke*, auch noch als Ruine. Zum Schutz der Schiffahrt auf dem Heverstrom wurde auf der Insel Pellworm ein

Der alte Kirchturm auf der Insel Pellworm diente früher den Seefahrern als Tagesmarke.

Selbstschreibender Pegel: Unter einem Pegel versteht man einen Wasserstandsmesser. Unterschieden werden nichtschreibende Pegel, die nur den aktuellen Wasserstand anzeigen, und die selbstregistrierenden Pegel, bei denen der Wasserstand über einen bestimmten Zeitraum hinweg erfaßt wird.

Leuchtturm Pellworm, 41 Meter hoch: Er wurde zusammen mit den Leuchttürmen Westerheversand und Hörnum aus vorgefertigten Eisenteilen 1906 bis 1907 gebaut.

41 Meter hoher Leuchtturm aus Eisen konzipiert. Der architektonische Entwurf sollte auch für die Leuchttürme → *Westerheversand* und → *Hörnum* umgesetzt werden. Deshalb konnten von 1906 bis 1907 diese drei Türme in Serie gebaut werden. Die vorgefertigten gußeisernen Segmente für die Bauten stammten von der → *Isselburger Hütte*. Termingerecht wurde der Leuchtturm Pellworm 1907 in Betrieb genommen. Obwohl die Insel zu dieser Zeit noch keine elektrische Versorgung hatte, wurde das → *Leuchtfeuer* von Anfang an mit elektrischem Glühlicht betrieben. Den dazu nötigen Strom lieferten Akkumulatoren, die wechselweise von zwei → *Generatoren* aufgeladen wurden. Zur Wartung des Turms standen ein Maschinenmeister und ein → *Leuchtfeuerwärter* bereit. Erst 1949 wurde das Leuchtfeuer an das örtliche Stromnetz angeschlossen. Die → *Automatisierung* erfolgte 1977. Aus dem schwarzgestrichenen Laternenraum des Pellwormer Leuchtturms strahlen heute drei Lichtsysteme in verschiedene Himmelsrichtungen. Das → *Oberfeuer* Pellworm wird von einem im Watt stehenden → *Unterfeuer* ergänzt; zusammen bilden sie die → *Richtfeuerlinie* für Heverstrom und Norderhever. Nach Norden und Osten strahlt ein → *Quermarkenfeuer* zur Ankündigung von Kursänderungen. Die → *Feuerhöhe* beträgt 38 Meter.

Pelzerhaken Neustadt in Holstein beginnt für Seefahrer in Pelzerhaken. Dort steht seit 1843 ein Leuchtturm, dessen ursprüngliches Aussehen man sich durch die Halbierung der Turmhöhe vorstellen kann, der Rest des Turms ist dann noch gedanklich weiß zu verputzen. Neustadt war bis 1864 der südlichste Ostseehafen der dänischen Monarchie und der → *Leuchtfeuerwärter* auch Zollassistent. In dem Wohnhaus für den Leuchtfeuerwärter befand sich zudem noch bis 1876 ein Lotsenquartier. Auf alten Fotos ist noch eine achteckige → *Laterne* auf dem Leuchtturm Pelzerhaken zu sehen. In ihr brannte zuerst ein rotierender Hohlspiegelapparat, später, um 1877, folgte die Umrüstung auf eine → *Fresnel-Linse*. Die heutige → *Tragweite* des Lichtes aus einer → *Feuerhöhe* von 21 Metern beträgt für den weißen → *Sektor* 14, für den roten Sektor 11 und für den grünen Sektor 9 → *Seemeilen*.

Petroleum ist ein Destillat aus Erdöl. Es ist wasserklar und brennbar. Man kann es flüssig über einen Docht verbrennen oder im gasförmigen Zustand im Auerschen

Glühstrumpf. Petroleum brennt mit heller Flamme und ist für → *Leuchtfeuer* einsetzbar (→ *Petroleumdochtlicht*, → *Petroleum-Glühlicht*).

Petroleumdochtlicht Flüssiges → *Petroleum* wird mit Hilfe eines Dochtes, der meist aus Baumwolle besteht und in einer Metallführung in der Höhe verstellbar ist, verbrannt. Der Docht saugt das Petroleum durch Kapillarwirkung an. Man unterscheidet Flachdochte und Runddochte. Für → *Leuchtfeuer* verwendet man Runddochte (→ *Argand-Lampe*). Es können mehrere Runddochte konzentrisch angeordnet sein, um eine größere Helligkeit zu erzielen.

Petroleum-Glühlicht Gasförmiges → *Petroleum* verbrennt in einem Auerschen Glühstrumpf mit großer Leuchtkraft.

Pharos von Alexandria Antiker Leuchtturm. Die ägyptische Hafenstadt Alexandria, an der äußersten Westspitze des Nildeltas gelegen, wurde 332 v. Chr. von Alexander dem Großen gegründet und war im Altertum eine der bedeutendsten Metropolen. Prächtige Bauten und Einrichtungen trugen zum Ruhm der Stadt am Mittelmeer bei. Dazu gehörten zwei Bibliotheken mit über 700 000 Buchrollen. Auf einer kleinen Insel mit dem Namen Pharos stand seit 279 v. Chr. ein riesiger Leuchtturm. Der Pharos von Alexandria gehörte zu den Sieben Weltwundern der Antike, von denen nur noch die Pyramiden erhalten sind. Fast sein ganzes Leben verbrachte der Architekt Hermann Thiersch mit der Erforschung und Rekonstruktion des Pharos. Er studierte alle zur Verfügung stehenden Texte, wie etwa die des griechischen Geographen Strabo (65 bis 24 v. Chr.), der von einem „kunstreich erbauten Turm aus weißem Stein mit vielen Stockwerken" berichtete. Thiersch verglich alte Münzen und Siegel mit den Abbildungen von Leuchttürmen, wobei die Prägungen aus der Zeit des römischen Kaisers Hadrian (um 126 n. Chr.) am aufschlußreichsten waren. In seinem 1909 veröffentlichten Werk „Pharos, Antike, Islam und Occident" hat Hermann Thiersch all sein Wissen zusammengefaßt und somit das noch heute gültige Bild des Pharos von Alexandria geprägt. Baumeister und Architekt des Pharos von Alexandria war Sostratus aus Knidos. Er baute einen dreigeteilten Turm, der zwischen 110 und 130 Meter hoch gewesen sein soll. Auf einem Basiskomplex, der über einen 1300 Meter langen Damm mit dem Festland verbunden war, stand ein

60 bis 70 Meter hoher, rechteckiger Gebäudeabschnitt. Darauf folgte ein achteckiger Aufbau, der mit 30 Metern beschrieben wird, auf dem wiederum ein runder, 10 Meter hoher Turmbau aufgesetzt war, mit einer großen, offenen Feuerstelle. Gekrönt wurde der Pharos, wie die antiken Münzen zeigen, von einer Kolossalfigur, die entweder den Stadtgründer Alexander den Großen, den ersten Herrscher von Alexandria, Ptolemäer Soter, oder den Meeresgott Poseidon darstellte. An den vier Ecken des ersten mächtigen Stockwerks trug der Turm noch muschelhornblasende Tritonen als plastischen Schmuck. Schenkt man in Thierschs Werk einigen römischen und arabischen Augenzeugen Glauben, imponierte der Leuchtturm nicht nur durch seine Größe. So schrieb ein Autor mit dem Namen Abdallah nach der arabischen Eroberung Ägyptens: „Es gibt viele Wunder in der Welt. Das größte ist ein Spiegel, aufgehängt im Leuchtturm von Alexandria." Ein weiterer Bericht beschreibt eine spiralförmige Rampe, auf der Esel das Brennmaterial zur Feuerstelle brachten. Dieser Hinweis wird von Thiersch als Indiz dafür gewertet, daß schon die Erbauer den Pharos als Leuchtturm planten und er nicht, wie einige Historiker vermuten, erst nach Beginn unserer Zeitrechnung befeuert wurde. Im 14. Jahrhundert stürzte das Bauwerk, oder Reste davon, bei einem Erdbeben ein. Heute beherbergt Alexandria Ägyptens wichtigsten Hafen und zählt über drei Millionen Einwohner. Eine Sehenswürdigkeit der Stadt ist die „Festung von Kaitbai", die Reste des großen Leuchtturms birgt und seit dem 15. Jahrhundert auf der Insel Pharos steht. 1997 wurden vor der Insel Teile geborgen, die vermutlich zum Leuchtturm gehörten. Pharos wurde in einigen Sprachen zum Synonym für Leuchtturm, so im Französischen „phare" und im Italienischen „faro". Auch lange nach der Errichtung des Pharos war der antike Seehandel auf den Meeren noch überwiegend Küstenfahrt. Im Seealltag mieden die Schiffer weite Strecken über das offene Meer. Vor dem Einbruch der Dunkelheit suchten die Männer mit ihren Frachtenseglern sichere Ankerplätze auf, doch das Risiko des Schiffbruchs blieb groß. Auf langen Routen erreichten von vier ausgelaufenen Schiffen nur drei ihren Bestimmungshafen. Während der römischen Vorherrschaft über das Mittelmeer galt Schiffbruch als unvermeidlich, und die Seeleute wurden als „mortis est socius", als Partner des Todes, bezeichnet. Weitere Leuchtturmbauten der An-

Münze aus der Zeit des römischen Kaisers Hadrian (um 126 n. Chr.) mit der Darstellung des Pharos von Alexandria. Thiersch greift für seine Rekonstruktion den massiven Unterbau mit Fenstern auf und krönt seinen Turm mit einer Laterne, in der nach Berichten orientalischer Reisender ein riesiger Spiegel Licht reflektierte.

Den größten Teil seines Lebens verbrachte der Architekt Hermann Thiersch mit der Erforschung des Pharos von Alexandria, jenes legendären Leuchtturms, der zu den Sieben Weltwundern der Antike zählt. In seinem 1909 veröffentlichten Resümee wagt er eine Rekonstruktion und gibt seine Quellen preis. Wichtige Informationen erhielt Thiersch durch das Studium römischer Münzen, die einen Pharos zeigten. Die gefundenen und übereinstimmenden Merkmale und Berichte arabischer Kaufleute ließen sein Bild des Pharos entstehen, das bis heute nicht zu widerlegen ist.

tike sind auf Sarkophagen und Medaillen dargestellt. So ist der Leuchtturm von Ostia, Roms antikem Hafen, auf mehreren Marmorreliefs zu entdecken. Während der größten Ausdehnung des römischen Staatengebildes hat es etwa 1500 Häfen in dem Imperium gegeben, von denen etliche mit Leuchttürmen ihre Einfahrten kennzeichneten. Der Leuchtturm von La Coruña an der spanischen Atlantikküste ist im Ursprung ein römischer Leuchtturmbau und somit der älteste noch betriebene Leuchtturm der Welt. Die bekannte Darstellung des antiken → *Koloß von Rhodos*, einer Monumentalstatue, die mit gespreizten Beinen eine Hafeneinfahrt überspannt und mit ausgestrecktem Arm ein → *Leuchtfeuer* trägt, ist Spekulation und läßt sich nicht belegen.

Picht (1865 bis 1900) Die Optische Industrie-Anstalt Gebr. Picht & Co., Rathenow, befaßte sich seit 1878 mit dem Schleifen und Polieren von Linsen und Prismen für → *Leuchtfeuer*. Unter anderem wurde im Jahre 1892 eine Gürteloptik mit 700 Millimeter → *Brennweite* für den Leuchtturm → *Neuwerk* in der Elbmündung (→ *Außenelbe und Elbmündung*) geliefert.

Pilsum Nicht weit von → *Campen*, direkt am Emsdeich in der Krummhörner Marsch, hat der kleine Leuchtturm Pilsum, benannt nach einem in der Nähe gelegenen Dorf, seinen Standort. Er wurde wie der Leuchtturm → *Westerheversand*, zum Wahrzeichen einer Region und als Symbol für die Weite Ostfrieslands von den Medien als dekorative Kulisse entdeckt. In dem Spielfilm „Otto – Der Außerfriesische“ ist der Turm Originalschauplatz und wird Vorbild für Bernd Flessners Kinderbuchhelden „Lükko Leuchtturm“. Nach einem Plan von 1883 errichtete die Wasserbauinspektion → *Emden* von 1888 bis 1889 den Leuchtturm Pilsum, der mit einem → *Leuchtfeuer* den Wechsel des → *Fahrwassers* Randzelgat in die Emshörnrinne in beide Richtungen kennzeichnete. In dem nur 11 Meter hohen zylindrischen Eisenturm brannte zuerst → *Petroleumdochtlicht*, das wohl 1904 gegen → *Petroleum-Glühlicht* ausgetauscht wurde. Kriegsbedingt ließ die Marine das → *Feuer* 1915 löschen. Nach dem Ersten Weltkrieg wurde aufgrund von Fahrwasserveränderungen das Feuer nicht mehr gezündet, und der Turm verlor seine maritime Bedeutung. Erst 1972 entsann man sich seiner, und der ursprünglich rote Turm bekam nach gründlicher Entrostung sei-

Die Karriere des Leuchtturms Pilsum als Seezeichen dauerte nur von 1889 bis 1915. Obwohl der Turm nur 11 Meter hoch ist, wurde er zu einem der ganz „großen“ Leuchttürme in Deutschland. Auch er ist, wie der Leuchtturm Westerheversand oder das Leuchtturmensemble auf dem Kap Arkona, das Wahrzeichen einer Region. Bedeutenden Anteil an diesem Ruhm hat die ihn umgebende Landschaft. „Dem Meer so nahe, der Ferne einen Gruß“, wer schließt da nicht diesen kleinen kompakten Leuchtturm ins Herz, der scheinbar seit ewiger Zeit Wind und Wetter trotzt.

nen heutigen dekorativen rot-gelben Anstrich. Außer Betrieb gestellte Leuchttürme dürfen nicht in Farben gestrichen werden, die im → *Seezeichenwesen* üblich sind: Rot, Weiß oder Schwarz.

Pingelturm ist der volkstümliche Ausdruck für den Leuchtturm „Kaiserschleuse Ostfeuer“ in → *Bremerhaven*. Er wird auch „Klingelturm“ oder „kleiner Glockenturm“ genannt. Seinen Spitznamen verdankt er einer außenhängenden Nebelglocke.

Pintsch, Julius (**1815 bis 1884**) Der Klempnergeselle Julius Pintsch gründete 1843 in Berlin eine Werkstatt für die Reparatur von Gasmessern. Bald baute er selbst Gasmesser und andere Geräte, die mit Gas betrieben wurden. Schließlich kam Julius Pintsch über den Bau von Lampen verschiedener Art auch mit Leuchtfeuereinrichtungen in Kontakt. Die Firma wurde größer, und im Jahre 1872 wurde ein Zweigwerk in Fürstenwalde an der Spree gebaut. Julius Pintsch war sehr erfolgreich und brachte viele Konstruktionen hervor, u. a. den berühmten „Gasblinker“, der auf zahlreichen Leuchttonnen und Leuchttürmen zum Einsatz kam. Die Firma Pintsch lieferte ganze Leuchtfeuereinrichtungen, ausgenommen die → *Optik*, und Leuchttonnen in verschiedenen Größen und Ausführungen. Auch kleinere Leuchttürme wurden hergestellt. Solche Pintsch-Türme gibt es z. B. bei Norddorf auf → *Amrum*, → *Gellen* auf → *Hiddensee*, → *Ranzow* und Kollicker Ort auf → *Rügen*. Im Jahre 1878 bekam Julius Pintsch für seine großen Verdienste den Titel „Königlich Preußischer Kommerzienrat“. 1879 übergab er die Firmenleitung seinen Söhnen und zog sich nach Fürstenwalde zurück. Dort starb er am 20. Januar 1884.

Präzisionssektorenfeuer Dieses → *Leuchtfeuer* arbeitet vergleichsweise wie ein Diaprojektor, in dem allerdings nicht ein transparentes Bild im gebündelten Lichtstrahl steht, sondern perforierte Drehscheiben, deren Lochmuster die Lichtkennung erzeugen.

Prismenkorb Bezeichnung für eine voll ausgebaute → *Optik*, die an die Form eines Bienenkorbs erinnert.

Historische Teilansicht einer Montagehalle für Leuchttürme der Firma Julius Pintsch in Fürstenwalde bei Berlin

Pingelturm in Bremerhaven: Bremerhaven als die Stadt der Leuchttürme zu bezeichnen, ist angesichts der vielfältigen architektonischen Varianten, die es dort gibt, durchaus angebracht. So ist auch das von Hafenbaumeister Rudloff um 1900 konzipierte Molenfeuer an der Kaiserschleuse ein architektonisches Kabinettstück. Wegen einer freihängenden Nebelglocke an der Weserseite wird der 15 Meter hohe Turm, der offiziell Kaiserschleuse Ostfeuer heißt, auch „kleiner Glockenturm" sowie „Pingel-" oder „Klingelturm" genannt.

Julius Pintsch (1815 bis 1884)

Q

Quecksilbermotor Historische Leuchtfeuereinrichtung, die einst weit verbreitet war. In einem mit Quecksilber gefüllten Gehäuse ist ein Schaufelrad mit horizontaler Welle gelagert. Wird unten in das Gehäuse Druckluft eingeleitet, so gelangen die Luftblasen in die Zellen des Schaufelrads und versetzen diese, bedingt durch den Auftrieb im Quecksilber, in Rotation. Über Kegelräder wird die Drehbewegung auf eine senkrechte Welle übertragen und dient zum Antrieb einer Drehlinse, von → *Umlaufblenden* oder → *Otterblenden* mit entsprechenden Übertragungselementen. Die erforderliche Druckluft erzeugte der → *Leuchtfeuerwärter* tagsüber mit einer Schwungradluftpumpe und speicherte sie in einem Luftkessel.

Quecksilberschalter werden da eingesetzt, wo keine Funkenbildung beim Schaltvorgang entstehen soll. In ein verschlossenes Glasröhrchen von ca. 60 Millimeter Länge und ca. 10 Millimeter Durchmesser ist in der Mitte und an einem Ende je ein Metallkontakt eingeschmolzen. Zirka ein Viertel oder auch ein Drittel des Volumens des Röhrchens ist mit Quecksilber gefüllt. Das Glasröhrchen ist auf einer Wippe angebracht, die mechanisch betätigt wird. In einer Schräglage verbindet das Quecksilber die beiden Kontakte, und ein Stromkreis ist geschlossen. In der gegenüberliegenden Schräglage verläßt das Quecksilber die Kontakte, und der Stromfluß ist unterbrochen.

Quecksilberschwimmer Die → *Optiken* für → *Drehfeuer* können auf Rollen oder Kugellagern oder auch mit Hilfe eines Quecksilberschwimmers gelagert werden. In einem ringförmigen Trog, der zum Teil mit Quecksilber gefüllt ist, bewegt sich der ebenfalls ringförmige Schwimmer mit der Optik. Die Optik wird oben und unten geführt. Die Reibung dieser Lagerung ist sehr gering.

Quermarkenfeuer → *Leuchtfeuer*, das mit → *Sektoren* in einem → *Fahrwasser* den Übergang von einer → *Richtfeuerlinie* oder einem → *Leitfeuer* zur nächsten Richtfeuerlinie oder Leitfeuer anzeigt und/oder einen Kurswechsel ankündigt. Heute weitgehend unüblich geworden, da der beabsichtigte Zweck auch durch andere technische Mittel erreicht werden kann.

Quermarkenfeuer als Beispiel am Leuchtturm Wangerooge: Unterhalb des Hauptfeuers wird aus einem Fenster ein Leitfeuer gezeigt. Ein Quermarkenfeuer kann genauso aussehen.

Quecksilbermotor im Leuchtturm Altenbruch: Dieser Turm wurde stillgelegt und als technisches Denkmal erhalten. Er ist voll funktionsfähig. Der Motor und die Otterblenden können in Betrieb besichtigt werden.

R

Ranzow Auf der Insel → *Rügen*, nordwestlich von der Stubbenkammer, steht am oberen Rand der Steilküste zwischen Bäumen versteckt der kleine Leuchtturm Ranzow. Er wurde im Jahre 1904 von der Firma → *Pintsch* erbaut. Es ist ein weißer runder Eisenturm mit → *Galerie* und kegelförmigem Kupferdach. In der Wetterfahne kann man die Jahreszahl 1904 erkennen. Der Turm hat eine Höhe von 6 Metern und eine → *Feuerhöhe* von 55 Metern über dem Meeresspiegel bei Mittelwasser. Als → *Kennung* hat der Turm ein → *Blitzfeuer* in Weiß. Ein langsam rotierender Scheinwerfer erzeugt alle 5 Sekunden einen Blitz. Die → *Sichtweite* beträgt 19 → *Seemeilen*. Ursprünglich wurde das → *Feuer* mit Spiritusglühlicht betrieben und später auf elektrischen Betrieb umgestellt. Eine Halogenglühlampe trat an die Stelle des Glühstrumpfes. Das → *Leuchtfeuer* war unbewacht und wurde am 1. Oktober 1999 gelöscht, da es nicht mehr benötigt wurde.

Reichweite → *Tragweite*

Rekorde → *Kuriositäten und Rekorde*

Reverberen ist ein veralteter Ausdruck für → *Leuchten*, die aus einem Parabolspiegel und einer → *Argand-Lampe* bestehen.

Reverberen-Leuchtapparat → *Parabolscheinwerfer*

Revierzentrale Von einer Revierzentrale aus werden mehrere → *Feuer* automatisch geschaltet und kontrolliert. Auch die Wartungsintervalle einzelner → *Leuchtfeuer* werden von hier aus organisiert und durchgeführt. In der Revierzentrale laufen auch die Signale bei einer eventuellen Störung eines Leuchtfeuers auf, für deren Behebung gesorgt wird.

Richtfeuerlinie Zur Navigation benutzte Kurslinie, die durch Peilung von → *Baken* oder → *Leuchtfeuern* entsteht. Die Richtlinie wird durch eine Oberbake oder ein → *Oberfeuer* und eine Unterbake oder ein → *Unterfeuer* gebildet. Nur auf dieser Linie werden die Baken oder die → *Feuer* senkrecht übereinander gesehen.

Robbenplate Zur besseren Kennzeichnung des → *Fahrwassers* in der → *Außenweser* wurde von 1923 bis 1924 der Leuchtturm Robbenplate erbaut. Es ist ein viereckiger Turm aus Ziegelsteinen mit einer Höhe von 29 Metern über mittlerem Hochwasser und 32 Metern über dem Watt. Die

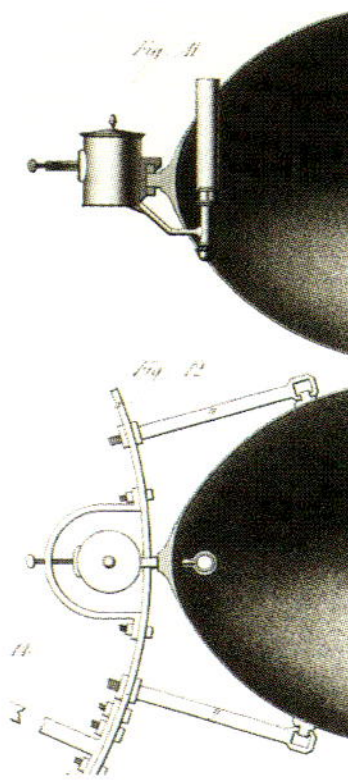

Reverberen (oben rechts)

Revierzentrale Travemünde (oben links)

Leuchtturm Ranzow, 1904 erbaut, 6 Meter hoch: Der Turm steht nordwestlich vom Königsstuhl auf der Insel Rügen. Sein Feuer wurde am 1. Oktober 1999 gelöscht.

Leuchtturm Robbenplate, 1923 bis 1924 erbaut, 29 Meter hoch über mittlerem Hochwasser

→ *Lichtquelle* befindet sich 25 Meter über dem Hochwasser und wird elektrisch betrieben. Früher hatte der Turm ein → *Petroleum-Glühlicht*. Sein Äußeres wurde des öfteren verändert. 1959 wurde die → *Laterne* grün gestrichen und eine Radaranlage aufgesetzt. Um das Mauerwerk besser zu schützen, wurde der Turm 1992 mit einer roten Aluminiumverkleidung versehen. Seine Laterne wurde rot gestrichen, und durch die Montage eines Antennenmastes hat er nun eine Höhe von 37 Metern über dem Watt. Der Turm dient als → *Oberfeuer* für eine → *Richtfeuerlinie*, als → *Leitfeuer* und als → *Quermarkenfeuer*. Er zeigt verschiedene → *Kennungen* in Weiß und Rot.

Rohrschlitzblenden Historische Leuchtfeuereinrichtung. Rohrschlitzblenden waren auf dem Leuchtturm → *Westerheversand* von 1907 bis 1977 eingesetzt und sollen an diesem Beispiel erläutert werden. In einem senkrecht stehenden Rohr ist ein weiteres Rohr drehbar angebracht. Beide Rohre haben in voller Länge bis kurz vor Unter- und Oberkante Schlitze, durch die ein Lichtstrahl scheinen kann, wenn sie fluchten. Dreht man das innere Rohr um einen entsprechenden Winkel, sind die Schlitze verdeckt. Um eine Vorstellung von der Größe der Rohrschlitzblende vom Leuchtturm Westerheversand zu bekommen, werden ihre Maße genannt: Rohrhöhe: 1300 Millimeter, Außendurchmesser des äußeren Rohres: 65 Millimeter. Schlitzbreite im Außenrohr: 15 Millimeter. Aus Toleranzgründen und zur besseren Justierbarkeit hat das Innenrohr eine Schlitzbreite von 18 Millimeter. Die Rohre stehen nahe der Laternenverglasung in einem Abstand von 250 Millimeter zueinander. Die Zwischenräume sind durch Bleche verdeckt. Rohr und Bleche sind aus Messing gefertigt und mattschwarz gefärbt, um unerwünschte Lichtreflexe zu vermeiden. Rohrschlitzblenden kann man in mehreren Lichtgruppen zusammenfassen und diese getrennt steuern. Dadurch ist man in der Lage, verschiedene → *Sektoren*, verschiedene → *Kennungen* zeigen zu lassen, wie es ebenso mit → *Otterblenden* möglich ist. Da die Rohrschlitzblenden, wie schon erwähnt, in einem Abstand von 250 Millimeter stehen, würden zwischen den austretenden Lichtstrahlen große Sektoren mit völliger Dunkelheit entstehen, was natürlich vermieden wird. Daher sind zwischen der Gürteloptik und den Rohrschlitzblenden senkrechte Glasteile mit Linsenprofil angebracht, die das von der → *Optik* ausgehende

Licht zunächst bündeln und außerhalb der Blenden wieder streuen, so daß sich die Lichtbündel überlagern und von See aus ein gleichmäßiges Lichtfeld sichtbar ist. Westerheversand zeigte einen schmalen Leitsektor mit festem → *Feuer*, flankiert von zwei Warnsektoren, die Blitzgruppen zeigen. Zwei Blenden erzeugen eine Gruppe von vier Blitzen an Backbord und fünf Blenden eine solche mit fünf Blitzen an Steuerbord.

Rote Kliff, alter Turm Um eine Ergänzung für das Hauptfeuer → *Kampen* auf der Insel → *Sylt* zu haben, wurde 1913 der kleine Leuchtturm Rote Kliff in Betrieb genommen. An der Nordflanke der Insel nahe der Einfahrt zum Lister Tief liegt eine Sandbank, vor der sein → *Quermarkenfeuer* warnen sollte. Das 11 Meter hohe achteckige Bauwerk aus roten Ziegelsteinen steht etwa 2,5 Kilometer nordwestlich vom Leuchtturm Kampen und erhielt eine weiße → *Laterne* mit grünem Dach. Das → *Leuchtfeuer* wurde von den Wärtern des großen Turms überwacht. 1936 ist die → *Leuchte* auf elektrisches Licht umgestellt worden. Die → *Feuerhöhe* betrug 23 Meter mit einer → *Tragweite* von 16 → *Seemeilen* im weißen → *Sektor*. Nachdem das Feuer 1975 gelöscht wurde, übernahm der Leuchtturm Kampen mit einem roten Sektorenfeuer die Aufgabe. Der kleine Turm befindet sich ohne die Leuchtfeuereinrichtung im Besitz der Gemeinde Kampen.

Roter Sand Der Leuchtturm Roter Sand war von 1885 bis 1964 in Betrieb, mit einem Nebenfeuer noch bis 1986. Er ist heute ein maritimes Baudenkmal von internationalem Rang und zählt zu den berühmtesten Leuchttürmen der Welt. Die → *Außenweser* mit ihren Untiefen und Sandbänken ist ein gefährliches Seegebiet, besonders für die im 19. Jahrhundert immer größer und schneller werdenden Dampfschiffe. Mit der zunehmenden Bedeutung → *Bremerhavens* als Handels- und Auswandererhafen wurden weitere Leuchttürme und → *Feuerschiffe* notwendig. Das Berliner Reichshandelsministerium schlug 1878 die Auslegung eines dritten Feuerschiffes in der Außenweser vor, doch Bremen setzte sich für den Bau eines Leuchtturms auf dem Roten Sand ein. Ein kühner Vorschlag, denn noch nie in der Geschichte des internationalen → *Seezeichenwesens* hatte man einen Leuchtturm mitten ins Meer auf eine 8 Meter unter dem Niedrigwasserspiegel liegende Sandbank gebaut. Der Bremer Senat beauftragte den Leiter der Hafenbaudirektion in Bremerhaven, Karl Friedrich Hanckes (1829 bis 1891), einen Entwurf für einen festen Leuchtturm in der Außenweser auszuarbeiten. Im April 1879 legte Hanckes seine Pläne vor. So sollte der unter Wasser liegende Sockel für den eigentlichen Leuchtturm mit einem → *Caisson*, auch Senkkasten genannt, geschaffen werden. Das Projekt war zunächst auf die technischen Möglichkeiten der Firma Harkort zugeschnitten. Doch erwuchs dieser plötzlich ein Konkurrent, da sich ein maßgeblicher Ingenieur der Firma selbständig machte und ein niedrigeres Angebot einreichte. Nach dem Vertragsabschluß am 12. November 1880 begann die neue Firma mit dem Bau des Caisson und ließ ihn im folgenden Jahr auf die gewünschte Position über die Untiefe schleppen. Am 13. Oktober 1881 wurde der Caisson durch die Wucht einer Sturmflut zerstört. Die junge Baufirma erwies sich als zahlungsunfähig und konnte keinen Ersatz leisten. Nun nahm der Senat das alte Angebot der Firma Harkort an. Die örtliche Bauleitung bei dem zweiten Gründungsversuch mit einem Caisson übernahm der erst 28jährige Ingenieur → *Körte* (1855 bis 1914), der in späteren Jahren das deutsche → *Seezeichenwesen* nachhaltig beeinflußt hat. Der abgesenkte und zu einem massiven Sockel ausgefüllte Caisson war im August 1884 vollendet. Im Spätsommer 1885 stand der Leuchtturm Roter Sand auf dem Sockel, und im Oktober des gleichen Jahres erfolgte die Bauabnahme. Am 1. November 1885 nahmen die → *Leuchtfeuerwärter* das → *Leuchtfeuer* in Betrieb, zugleich wurde über ein Seekabel der Telegrafendienst aufgenommen. Die → *Feuerhöhe* betrug 24 Meter. Der Turm mißt über mittlerem Hochwasser 28 Meter. Doch dieser Leuchtturm war nicht nur ein technisches Meisterwerk. Für Tausende von Auswanderern, die sich in Bremerhaven eingeschifft hatten, um in einem fernen Land ein neues Leben zu beginnen, war der einsam stehende Leuchtturm in der Außenweser ein letzter symbolischer Gruß ihrer Heimat. Viele haben diesen Anblick nie vergessen. Der Turm ist in vier Stockwerke eingeteilt. Durch die wasserdichte, mehrere Meter über dem Meeresspiegel gelegene Eingangstür gelangten die Leuchtfeuerwärter in einen Lagerraum. Darüber lag der Schlafraum für die Besatzung, dem sich ein Stockwerk höher die Küche anschloß. Mittelpunkt war der Dienstraum im vierten Stock, von dem aus man durch einen Erker in die → *Laterne* kam. Nur bei spiegelglatter See konnten die Versorgungsschiffe direkt am Turm anle-

Sein Antlitz ist unverwechselbar, sein Standort einmalig, und seine Geschichte bietet kaum Vergleichbares: Kein Wunder also, daß der Leuchtturm Roter Sand zum Leuchtturm aller Leuchttürme wurde – und doch hat er schon lange ausgedient. In Sichtweite steht seit 1964 sein Nachfolger: der Leuchtturm Alte Weser.

gen. In den meisten Fällen wurden Mannschaften und Güter in einem Korb vom Schiff zum Turm gehievt. Zum Leuchtturm Roter Sand gehörten vier Mann Besatzung, von denen jeweils drei im Dienst waren und einer Urlaub hatte. Die → *Leuchte* hat im Laufe der Jahrzehnte, entsprechend den Fortschritten der Technik, vom → *Petroleum* zum elektrischen Licht, mehrere Veränderungen durchgemacht. Im Rahmen eines Verkehrssicherheitssystems für die → *Deutsche Bucht* sollte Anfang der 50er Jahre im 20. Jahrhundert in der Außenweser eine Radarstation erstellt werden, die, so waren die Überlegungen, vom Leuchtturm Roter Sand aufgenommen werden könnte. Zuvor mußte allerdings die gesamte Bausubstanz des Turms untersucht werden. 1953 hatten Taucher bereits erhebliche Schäden am Unterwasserschaft festgestellt. Außerdem zeigte sich, daß die → *Fahrwasser* entlang der riffartigen Sandbank einen veränderten Verlauf hatten und somit die Position des Leuchtturms nicht mehr optimal war. Die abgeschlossenen Überprüfungen der Bausubstanz des Leuchtturms Roter Sand ergaben 1959, daß die Sanierungs- und Ausbaukosten für den alten Turm mehrere Millionen Mark verschlingen würden. So fiel die Entscheidung, einen Ersatzturm zu bauen, der nicht nur den technischen Erfordernissen der Zeit entsprechen sollte, sondern auch durch einen günstigeren Standort zukünftige Fahrwasserveränderungen mit seinem Licht abdecken kann. Am 1. September 1964 ging auf dem Ersatzleuchtturm → *Alte Weser* das Leuchtfeuer an, und der Leuchtturm Roter Sand verlor, bis auf ein Nebenfeuer, seine wesentlichen Funktionen.

Roter Sand, die Sanierung Durch den Neubau des Leuchtturms → *Alte Weser*, der im Jahr 1964 fertiggestellt wurde, hatte der Leuchtturm → *Roter Sand* in der Wesermündung seine Aufgabe als → *Leitfeuer* verloren. Da er jedoch als → *Quermarkenfeuer* und → *Tagesmarke* sowie als markantes Radarecho weiter als → *Seezeichen* fungierte, sind bis 1974 noch Wartungsarbeiten durchgeführt worden. Als auch seine letztgenannten Funktionen durch funktechnische Navigationshilfen in Frage gestellt wurden, überließ man den Turm mehr oder weniger seinem Schicksal. Erst 1978 regte sich Protest gegen den Verfall, worauf die Bremer Bürgerschaft den rostigen Schandfleck in der Wesermündung auf die Tagesordnung brachte und sich einstimmig für den Erhalt des Leuchtturms

Genauso spektakulär wie der Bau des Leuchtturms Roter Sand in der Wesermündung war eine 1987 erfolgreich ausgeführte Sanierung des Bauwerks. Der morsche Unterwasserschaft des Leuchtturms sollte mit einer Manschette gesichert werden. Zentimetergenau stülpte ein Schwimmkran die Ummantelung über die Laterne und senkte sie ab. Der so entstandene Zwischenraum wurde mit Beton ausgegossen. Von dem stabilisierten Bauwerk konnte nun der sichtbare Teil saniert werden (siehe Seite 147).

Noch bis 1974 sind Wartungsarbeiten am Leuchtturm Roter Sand durchgeführt worden. Nachdem der Leuchtturm Alte Weser sämtliche nautischen Aufgaben übernommen hatte, wurde der Turm seinem Schicksal überlassen. Rechtzeitig erkannte man den historischen Wert des Bauwerks in der Wesermündung. Seine Rettung, die allerdings ohne das energische und beherzte Engagement vieler Beteiligter nicht hätte realisiert werden können, begann.

einsetzte. Ein Jahr später nahm sich die Jahrestagung der Landesdenkmalpflege in Bremen des fast vergessenen Wasserbauwerkes an und sprach von einem unschätzbar wertvollen Denkmal maritimer Technik. Angeregt durch diese Bekundungen, entwickelte ein Ingenieur vom → *Wasser- und Schiffahrtsamt* → *Bremerhaven* ein Sanierungskonzept, das die ursprünglich genannte Summe von 10 Millionen Mark zur Rettung des Leuchtturms auf ein finanziell tragbares Maß schrumpfen ließ. Der Plan sah vor, von einem leistungsfähigen Schwimmkran eine riesige Stahlmanschette über den Leuchtturm zu heben, die im Durchmesser größer, aber genauso hoch wie der stark beschädigte Unterwasserschaft des Leuchtturms war. Der nach dem Absenken der Manschette gebildete Hohlraum zwischen der neuen Ummantelung und dem alten Turm sollte dann mit Beton ausgefüllt werden. Somit hätte der Leuchtturm Roter Sand wieder einen stabilen Sockel bekommen. Nachdem 1982 der Magistrat der Stadt Bremerhaven einen Rettungsfond zur Erhaltung des Leuchtturms Roter Sand auflegte, stellte Niedersachsen das maritime Bauwerk unter Denkmalschutz und schuf somit günstige Voraussetzungen für private Initiativen. Der öffentliche Aufruf zur Gründungsversammlung für den → *Förderverein* „Rettet den Leuchtturm Roter Sand e. V." am 13. Januar 1983 im → *Deutschen Schiffahrtsmuseum* fand unerwartet große Resonanz. 1987 war endlich die Finanzierung gesichert. Aus dem Haushalt des Bundesverkehrsministers kamen 700 000 DM für die Sanierung und 500 000 DM für den weiteren Unterhalt. Das Land Niedersachsen stockte mit 300 000 DM den Etat auf, zu dem noch der bemerkenswerte Betrag des Fördervereins von 100 000 DM kam, so daß unter dem Strich 1,1 Millionen Mark für die Sanierung zur Verfügung standen. Aus der kühnen Idee, den Leuchtturm Roter Sand mit einer Ummantelung im Unterwasserbereich zu stabilisieren, wurde am 1. Oktober 1987 Realität. Mit unbeschreiblicher Anspannung verfolgten alle Beteiligten, wie der riesige Schwimmkran die 110 Tonnen schwere Manschette Zentimeter um Zentimeter über den Turm hob und langsam absenkte. Im selben Monat ging der Leuchtturm in den Besitz der Deutschen Stiftung Denkmalschutz über.

Rubjerg Knude ist einer der bekanntesten Leuchttürme an der Westküste Dänemarks und ein beliebtes Ausflugsziel. Er wurde von 1899 bis 1900 erbaut und am 27. Dezember 1900 in Betrieb genommen. Das Bauwerk hat eine Höhe von 23 Metern. Die → *Lichtquelle* erreichte eine → *Feuerhöhe* von 90 Meter über dem Meeresspiegel. Die Dünen zwischen dem Turm und dem Meer wurden im Laufe der Zeit immer höher, so daß man gezwungen war, das → *Leuchtfeuer* am 1. August 1968 zu löschen. Bereits 1953 hatte man die Nebelsignalanlage außer Betrieb genommen, weil ihr Schall von See aus nicht mehr zu hören war. Die technische Einrichtung wurde sofort ausgebaut. Nach langen Verhandlungen konnte das historische Museum Vendsyssel am 14. Juni 1980 seine Türen im ehemaligen Maschinenhaus für die Besucher öffnen. Es wurde eine Ausstellung über Flugsand, Dünen und die gesamte geologische Beschaffenheit der Region gezeigt. Der Leuchtturm konnte bestiegen werden, und in der ehemaligen Wohnung eines der → *Leuchtfeuerwärter* wurde eine Cafeteria eingerichtet. Der Leuchtturm war von fünf Häusern umgeben, von denen gegenwärtig (2002) noch zwei frei vom Sand stehen, zwei sind noch teilweise sichtbar, und ein Gebäude ist völlig vom Sand bedeckt. Westlich vom Turm und mit diesem durch einen Gang verbunden befindet sich das ehemalige Maschinenhaus. Davon wiederum westlich stand das Gaswerk, das heute total verschüttet ist. Nördlich vom Turm steht ein Nebengebäude, von dem nur noch eine Wand sichtbar ist. Von diesen drei Gebäuden hat man jeweils das halbe Dach entfernt, damit der Sand sie ungehindert füllen kann und unter den Dünen keine Hohlräume entstehen, die eines Tages nachgeben würden. Das vierte Haus, südlich vom Turm, bewohnte der Oberwärter. Hier befindet sich heute die Ausstellung, nachdem man das ehemalige Maschinenhaus räumen mußte. Östlich des Turms steht ein Doppelhaus, in welchem ein Leuchtfeuerwärter und ein Assistent wohnten. In diesem Komplex findet man heute die Cafeteria. Der Leuchtturm kann immer noch besichtigt werden. Auf der → *Galerie* findet der Besucher nur noch das Gestell, auf dem sich früher die → *Optik* drehte. Es war eine → *Scheinwerferlinse* der französischen Firma Barbier & Benard aus Paris von 700 Millimeter → *Brennweite*. Die Optik schwamm auf Quecksilber und wurde oben und unten geführt. Der Antrieb erfolgte durch ein Gewichtsuhrwerk, das alle drei Stunden aufgezogen werden mußte. Das Aufziehen mit der Kurbel geschah über ein Planetengetriebe, denn die Optik mußte sich während des Aufziehens gleichmäßig weiterdrehen. Das Leuchtfeuer wurde mit Gas betrieben, das in einem eigenen Gaswerk erzeugt wurde. Das Gas wurde aus Öl in zwei Retortöfen hergestellt und in einem Druckbehälter im Freien aufbewahrt. Außerdem benötigte man das Gas zum Antrieb der beiden Gasmotoren, die im Maschinenhaus standen und wiederum zwei Kompressoren antrieben. Diese erzeugten die Druckluft für das Nebelhorn. Viele Menschen besteigen heute die Dünen, um die wunderbare Aussicht aus 89 Meter Höhe und die spektakuläre Versandung des Leuchtturms zu bewundern.

Rüböl Dieser alte → *Brennstoff* wurde aus dem Samen von Raps und Rübsamen durch Auspressen gewonnen. Schon in der Antike benutzte man Pflanzenöle für Beleuchtungszwecke. Ohne Hilfsmittel wie Reflektoren, Linsen und entsprechende Brenner ist die Flamme ziemlich schwach. Erst technische Verbesserungen im 18. Jahrhundert sorgten für die Verbreitung des Rüböls im → *Seezeichenwesen*. Der Leuchtturm → *Cuxhaven* zeigte ab 1805 das erste ständige Rübölfeuer in Deutschland. Bei der Anwendung des Pflanzenöls gab es jedoch Probleme, so wurde der Brennstoff mit sinkender Temperatur immer dickflüssiger. Außerdem waren die Kosten verhältnismäßig hoch, und nach der Entdeckung des → *Petroleums* wurden Rübölfeuer schnell auf den neuen Brennstoff umgestellt.

Rügen Von Stralsund an der → *Ostsee* ist Rügen über einen Damm zu erreichen. Rügen ist mit 926 Quadratkilometern Deutschlands größte Insel und ein beliebtes Reiseziel. Durch die Boddengewässer ist Rügen in mehrere Halbinseln zergliedert. Von besonderem landschaftlichem Reiz sind die Kreidefelsen der Steilküste. Die höchste Erhebung an der Küste Rügens ist mit 117 Metern der Königsstuhl auf der Halbinsel Jasmund. Weitere Attraktionen auf der Insel sind unter anderem Putbus, das Jagdschloß Granitz bei Binz, der Badeort Binz mit seiner für die Region typischen Bäderarchitektur und das weltbekannte Flächendenkmal Kap Arkona. Die beiden Leuchttürme auf dem Kap Arkona sind ein Wahrzeichen der Insel. Zwischen den Leuchttürmen und der Burganlage steht noch ein → *Peilturm* mit verglaster Aussichtsplattform. Einen weiteren nennenswerten, aber kleinen Leuchtturm gibt es noch bei → *Ranzow* und Kollicker Ort sowie den Molenturm Sassnitz.

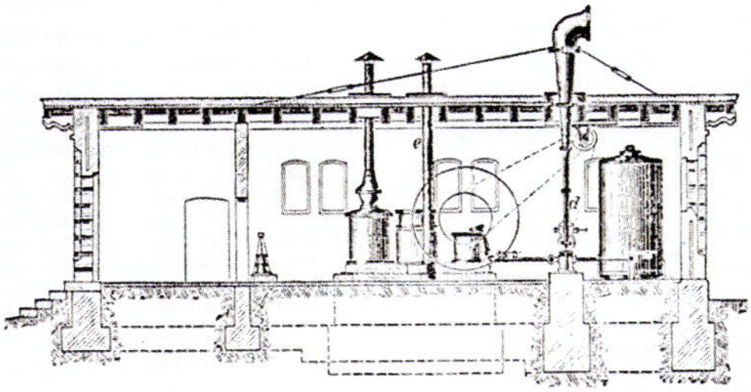

Zeichnung der Nebelsignalanlage (oben) am Leuchtturm Rixhöft (1877)

Leuchtturm Rubjerg Knude, Dänemark, 1899 bis 1900 erbaut, 23 Meter hoch. Das Feuer wurde am 1. August 1968 gelöscht.

Historische Abbildung der Leuchtfeueranlage Rubjerg Knude, mit Nebelhorn am Turm

Molenleuchtturm Sassnitz, Rügen, 1904 erbaut, 12 Meter hoch

Leuchtturm Kollicker Ort auf Rügen, 1904 erbaut, 6 Meter hoch

S

Scheinwerferlinse besteht im Gegensatz zur → *Gürtellinse* aus einer meist plankonvexen Linse, die kreisförmig von dioptischen Prismenringen umgeben ist. Anschließend folgen katadioptrische Prismenringe. Alle Strahlen einer im → *Brennpunkt* der Linse stehenden → *Lichtquelle*, die auf diese → *Optik* treffen, werden gebündelt und parallel abgestrahlt. Eine Scheinwerferlinse hat eine größere Lichtausbeute als eine Gürtellinse, gleiche → *Brennweite* vorausgesetzt. Bei den meistverwendeten Optiken mußte man auf einen seitlichen Ausbau wegen der zahlreichen Linsenfelder verzichten. Man wählte nur einen schmalen senkrechten Ausschnitt aus der oben beschriebenen Konstruktion. Oft ist nur die mittlere Linse kreisrund, dann folgt daneben schon das nächste Linsenfeld. Im Gegensatz hierzu hat die Optik des Leuchtturms → *Greifswalder Oie* nur vier Linsenfelder. Somit ist der Diopter voll kreisrund ausgebaut, und es schließen sich noch vier katadioptrische Prismenringe an, ehe das nächste Linsenfeld folgt. Nach oben und unten ist die Optik natürlich noch weiter ausgebaut. Die Lichtausbeute ist entsprechend groß.

Schinkel, Karl Friedrich (1781 bis 1841) Baumeister und Maler. Schinkels Wirken in der Berliner Oberbaudeputation und zuletzt als Oberlandesbaudirektor war von maßgeblichem Einfluß in ganz Preußen. In der Zeit seiner Meisterschaft gelang es ihm, antike Bauformen und zeitgenössische Zweckmäßigkeit harmonisch zu verschmelzen, so daß seine Werke als herausragende Beispiele des deutschen Klassizismus gelten (Berlin, Altes Museum). Vereinzelt schuf Schinkel auch neugotische Bauten. Er gilt als Baumeister vom → *Arkona, alter Turm*, der auch „Schinkelturm" genannt wird. Schriftliche Dokumente über die Urheberschaft Schinkels an dem Leuchtturm auf der Insel → *Rügen* gibt es nicht, allerdings trägt eine Bauzeichnung seine Unterschrift.

Schinkelturm → *Arkona, alter Turm*, → *Schinkel, Karl Friedrich*

Schleimünde Eingebettet zwischen sanften Hügeln reicht die Schlei, die kein Fluß, sondern eine Ostseebucht (Förde) ist, 40 Kilometer tief ins Land. An ihrem Ufer im Landesinneren lag im → *Mittelalter* am Haddebyer Moor die Wikingersiedlung Haithabu. Die schmale Bucht war in jener Zeit bedeutender Abschnitt einer Fernhandelsstrecke zwischen Skandinavien

Scheinwerferlinse: Hier das Beispiel einer doppelt angeordneten Scheinwerferoptik mit je drei Feldern auf dem Leuchtturm Arkona. Diese Anordnung wurde im Oktober 1995 geändert. Seitdem ist hier eine Scheinwerferoptik mit drei Feldern installiert.

Arkona, alter Turm, 1826 bis 1827 erbaut, 21 Meter hoch. Die Zeichnung aus dem 19. Jahrhundert trägt die Unterschrift Karl Friedrich Schinkels.

Karl Friedrich Schinkel (1781 bis 1841)

und dem restlichen Europa. Von der → *Nordsee* aus reichen die Flüsse Eider und Treene ebenfalls weit in das Land, so daß zwischen den sich gegenüberliegenden Gewässern eine „nur“ 15 Kilometer breite Landbrücke besteht. Über diese Landbrücke wurde alles transportiert, was im mittelalterlichen Handel von Bedeutung war. So ersparten sich die Wikinger den weiten und gefährlichen Weg durch das Skagerrak und Kattegat. Um diesen wichtigen Handelsplatz vor wendischen Piraten zu schützen, baute der erste Herzog von Schleswig eine Burg an der Mündung der Schlei. Da in der Folgezeit die Verbindung zwischen der Schlei und der → *Ostsee* versandete, suchte sich das Gewässer 2,5 Kilometer nördlich vom heutigen Leuchtturm einen neuen Durchbruch. 1625 und 1700 wurden die an der Mündung angelegten Orte von der See zerstört. Die Fischer gründeten an einem sicheren Platz den Ort Maasholm. Es gab immer wieder große Schwierigkeiten, das Mündungsgebiet von Treibsand freizuhalten. 1790 erfolgte ein künstlicher Durchstich, die heutige Schleimündung. Auch sie konnte nur unvollkommen freigehalten werden. Endgültige Abhilfe schuf man schließlich 1842 durch den Bau von zwei langen Molen, die die Mündung stark einengten. Die wechselnde Strömung, die durch den Trichter entstand, spülte stetig den angetriebenen Sand fort. Auf dem nördlichen Molenkopf wurde 1871 der 14 Meter hohe Leuchtturm Schleimünde errichtet. Er wurde anfangs mit → *Petroleum* betrieben. Parallel zu den Planungs- und Bauarbeiten für den Leuchtturm → *Falshöft* wurde der Leuchtturm Schleimünde 1907 modernisiert. Er erhielt eine größere → *Laterne* und besitzt nun eine → *Feuerhöhe* von 15 Metern. Der Leuchtturm bekam in seiner Geschichte siebenmal eine neue → *Tageskennung* und wurde von 1952 bis 1962 mit Windkraft betrieben. Die Windkraftanlage der Firma Allgayer bestand aus einem Windrad mit Propellerflügeln, einem Gleichstromgenerator auf einem 10 Meter hohen Rohrmast. Je nach anfallenden Windstärken betrug die Leistung 2 bis 6 kW. Die Anlage hatte sich bewährt, doch reichte sie für einen höheren Strombedarf nicht aus. Seit 1969 ist der Leuchtturm automatisiert.

Seefeuer Ein festgegründetes → *Leuchtfeuer*, das zur Navigation auf See als Hauptortungspunkt dient.

Seehydrographischer Dienst (SHD) Am 1. Mai 1945 hatten sowjetische Truppen die → *Ostsee* bei

Der Leuchtturm Schleimünde markiert den Eingang zur Schlei, die kein Fluß, sondern eine flußartig verengte Förde an der Küste Schleswig-Holsteins ist. Die Schlei hat eine Länge von über 40 Kilometern und ist 100 bis 4000 Meter breit. Ihre Wasserfläche beträgt 5240 Hektar. Heute steht die Schlei überwiegend unter Naturschutz und ist mit dem Revier vor der Schleimündung ein beliebtes Wassersportgebiet. Auf dem nördlichen Molenkopf wurde 1871 der 14 Meter hohe Leuchtturm errichtet. Von 1952 bis 1962 ist sein Leuchtfeuer mit Windkraft betrieben worden. Seit 1969 gibt es keine Leuchtfeuerwärter mehr am Leuchtturm Schleimünde. Er arbeitet wie alle Leuchttürme in Deutschland automatisch.

Rostock erreicht und somit die Kontrolle auch über die → *Seezeichen* an der mecklenburg-vorpommerschen Küste übernommen. Mit der Gründung der Bundesrepublik und der Deutschen Demokratischen Republik 1949 wurden im Westen wie im Osten die alten Wasserstraßenämter den jeweiligen Verkehrsministerien unterstellt und neu organisiert. In der Bundesrepublik sind die Nord- und Ostseeküste sowie die von der Binnenschiffahrt genutzten Flüsse und Kanäle in Regionen aufgeteilt worden. Der jeweiligen Regionsleitung untersteht eine Wasser- und Schifffahrtsdirektion, zu der wiederum mehrere → *Wasser- und Schifffahrtsämter* mit Außenstellen gehören. In der ehemaligen DDR wurde aufgrund der besonderen Einschätzung ihrer Küste als Staatsgrenze am 5. Juni 1952 der Seezeichendienst im Verkehrsministerium dem Seehydrographischen Dienst (SHD) zugeteilt. Der SHD war dem Ministerium des Inneren, Hauptverwaltung Seepolizei, unterstellt. Die Zielsetzung des Seehydrographischen Dienstes der Deutschen Demokratischen Republik war es, den Bereich des → *Seezeichenwesen* mit eigenen Mitteln zu optimieren und weiterzuentwickeln. In den Gebäuden des ehemaligen deutschen → *Seezeichenversuchsfeldes* Berlin-Friedrichshagen nahm man sich der Lösung vieler technischer Probleme an. Aufgrund eines Regierungsbeschlusses von 1955 mußte allerdings diese nautische Versuchsabteilung des SHD an das Amt für Technik übergeben werden, so daß Neuentwicklungen auf dem Gebiet des Seezeichenwesens gebremst wurden. Mit der Bildung der Nationalen Volksarmee im Jahre 1956 wurde der SHD in die neugebildeten Seestreitkräfte der DDR integriert. Von nun an übernahmen Seeoffiziere leitende Positionen im Seezeichendienst des SHD, während der größte Teil des restlichen Personals in diesem Bereich Zivilbeschäftigte blieb, wie etwa die → *Leuchtfeuerwärter*. Zu diesem Zeitpunkt gab es an der DDR-Küste 1700 schwimmende und 127 feste Seezeichen. Sieben der stationären → *Leuchtfeuer* sind klassische Leuchttürme. Um den nationalen Anforderungen gerecht zu werden, aber auch um mit dem internationalen Standard im Seezeichenwesen Schritt zu halten, wurde in der DDR am 1. Dezember 1967 wieder ein Seezeichenversuchsfeld gegründet. Waren es in den sechziger Jahren vor allem die schwimmenden Seezeichen und die für ihren Unterhalt erforderlichen Spezialschiffe, die im Mittelpunkt der Weiterentwicklung standen, rückten in den siebziger Jahren die

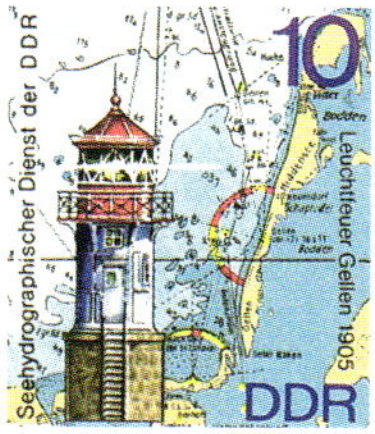

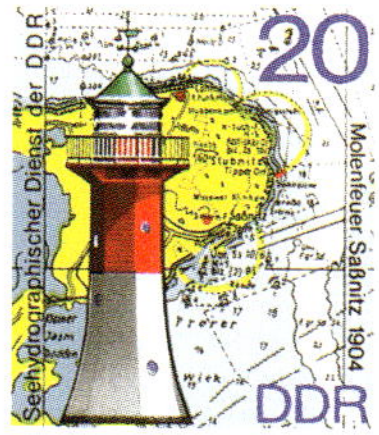

In den 70er Jahren erschienen in der DDR 10 Postwertzeichen mit Leuchtturmmotiven. Sie wurden vom Grafik-Designer Jochen Bertholdt entworfen. Der in Rostock lebende Künstler hat 133 Postwertzeichen gestaltet (auch Marken des wiedervereinigten Deutschlands), die insgesamt eine Auflagenhöhe von über 1 Milliarde erreichten. Die abgebildeten Briefmarken zeigen die 5-Pfennig-Wertmarke mit dem Leuchtturm Poel, die 10-Pfennig-Wertmarke Leuchtturm Gellen, die 20-Pfennig-Wertmarke Molenfeuer Saßnitz, die 25-Pfennig-Wertmarke Leuchtturm Dornbusch und die 35-Pfennig-Wertmarke mit dem kleinen Turm Peenemünde. Weiter erschienen Briefmarken mit den Türmen Buk, Warnemünde, Darßer Ort, Arkona und Greifswalder Oie.

festen Leuchtfeuer mehr in den Mittelpunkt. Noch bevor die → *Automatisierung* und die Fernsteuerung der festen Leuchtfeuer abgeschlossen waren, erfährt dem SHD im April 1977 Anerkennung durch die Mitgliedschaft im Internationalen Seezeichenverband, der IALA (International Association of Lighthouse Authorities). Zwischen 1977 und 1979 wird abschnittsweise die Automatisierung der Leuchttürme an der Küste Mecklenburgs und Vorpommerns abgeschlossen. Damit endete der Dienst für die Leuchtfeuerwärter beziehungsweise Leuchtfeuermaschinisten im Osten des damals noch geteilten Deutschlands. Einige von ihnen waren in der DDR bekannte Persönlichkeiten, wie etwa Otto Wolff vom Leuchtturm → *Darßer Ort*. Armee und Partei hatten ihn vielfach ausgezeichnet. Von den ehemaligen Mitarbeitern des SHD werden die Jahre der Automatisierung als eine Zeit beschrieben, in der unter schwierigen ökonomischen Bedingungen gearbeitet wurde. Notwendige Gelder für das Seezeichenwesen schluckten die Seestreitkräfte. Am 2. Oktober 1990 wird nach der Wiedervereinigung Deutschlands die Nationale Volksarmee der DDR aufgelöst. Von der Bundesmarine wird der militärisch strukturierte SHD nicht übernommen, da sich die maritimen Aufgaben der Abteilung auf zivile Behörden im Verkehrsministerium verteilen lassen. Seit dem 3. Oktober 1990 wird das Seezeichenwesen an der Küste Mecklenburg-Vorpommerns von der Wasser- und Schiffahrtsdirektion Nord in Kiel verwaltet. Die → *Wasser- und Schiffahrtsämter* in Lübeck und Stralsund sind die ausführenden Organe. Weitere Bereiche des SHD fielen an das Bundesamt für Seeschiffahrt und Hydrographie in Hamburg/Rostock.

Seekarte Karte für die Schiffahrt, hergestellt von den Marine- oder zivilen Seeämtern, in Deutschland vom Deutschen Hydrographischen Institut. Die Seekarte enthält Angaben zum → *Fahrwasser* wie Tiefen, Untiefen, Watten, Sandbänke, Riffe, Klippen und Wracks. Außerdem sind → *Seezeichen* wie → *Leuchtfeuer* und → *Baken* vermerkt. Die Küste erscheint auf Seekarten in einem schmalen, der Orientierung dienenden Streifen. Man unterscheidet in Ozeankarten mit einem Maßstab von 1 : 5 Mio. und kleiner, Übersichtskarten 1 : 1 Mio. bis 1 : 5 Mio., Segelkarten 1 : 250 000 bis 1 : 1,6 Mio., Küstenkarten 1 : 30 000 bis 1 : 250 000 und Sonderkarten in größeren Maßstäben für Flußmündungen und Häfen.

Ausschnitt aus einer Seekarte, die im Maßstab 1:50000 das Seegebiet um den Heverstrom an der Westküste Schleswig-Holsteins zeigt. Abgebildet ist der Süderoogsand, auf dem Deutschlands einzige hölzerne Feuerbake steht. Der Kartenausschnitt läßt die Sektoreneinteilung des Leuchtfeuers erkennen. Die 19 Meter hohe Leuchtbake Süderoogsand wurde 1987 errichtet und erreicht eine Feuerhöhe von 18 Metern. Sie ist mit Solarzellen und einer Windkraftanlage ausgestattet. Wann die erste Bake (ohne Leuchtfeuer) auf dem Sand gebaut wurde, läßt sich nicht belegen. 1891 wurde eine Bake mit einem Schutzraum für Schiffbrüchige auf dem Süderoogsand erneuert. Diese erhielt 1940 eine gasbetriebene Laterne.

Seemeile Längeneinheit in der See- und Luftfahrt. 1 Seemeile (sm. 1sm) = 1,852 km.

Seezeichen sind in Seegebieten eingesetzte Schiffahrtszeichen. Schiffahrtszeichen sind visuelle Zeichen, Schallzeichen und Funkzeichen an allen Gewässern. Sie bewirken die Erleichterung des Schiffsverkehrs auf Wasserstraßen, den Schutz der Wasserstraßen und der Anlagen an den Wasserstraßen.

Seezeichenversuchsfeld Zentralfachliche Aufgaben für die Wasser- und Schiffahrtszeichen in der Bundesrepublik Deutschland werden vom Seezeichenversuchsfeld in Koblenz wahrgenommen. Die Entwicklung und Erprobung neuer Techniken oder Verfahren fallen diesem Amt zu.

Seezeichenwesen Planung, Betrieb und Unterhaltung aller → *Seezeichen.*

Sektor Ein Sektor ist ein Kreisausschnitt vom Mittelpunkt des Kreises ausgehend. → *Leuchtfeuer* können verschiedene Sektoren in verschiedenen Farben zeigen, indem rote und grüne Farbscheiben in der → *Laterne* des Leuchtturms angebracht werden. Auch verschiedene → *Kennungen* werden erzeugt. Hierzu kommen → *Otterblenden,* → *Rohrschlitzblenden* oder → *Präzisionssektorenfeuer* zum Einsatz. Es gibt z. B. Leitsektoren, die von Warnsektoren flankiert sind, oder ein → *Quermarkenfeuer* zeigt durch Sektorenwechsel den Ort der Kursänderung an. Auch ein → *Orientierungsfeuer* kann einen farbigen Sektor haben, um vor einer Untiefe zu warnen.

Sektorenfeuer → *Sektor*

Semaphor Das Wort Semaphor stammt aus der griechischen Sprache und bedeutet Zeichenträger. Im 19. Jahrhundert setzte sich der Hamburger Verein Deutscher Segelschiffer dafür ein, an der Elbmündung (→ *Außenelbe und Elbmündung*), nahe dem Leuchtturm → *Cuxhaven*, einen Semaphor zu errichten, damit auslaufende Schiffe wußten, mit welchen Wetterbedingungen sie in der → *Deutschen Bucht* zu rechnen hatten. Das „B" am Semaphor bedeutet Borkum, und das „H" steht für → *Helgoland.* Die Zeiger in den Kreisen zeigten die Windrichtungen an und die Ausleger am Mast die Windstärken bei der jeweiligen Insel. Ein Ausleger stand für schwachen Wind, drei Ausleger standen für mittlere Windstärke, waren sechs Ausleger zu sehen, tobte ein Or-

Um rote oder grüne Sektoren zu zeigen, verwendet man entsprechende Farbscheiben, die an der Laternenverglasung angebracht werden.

Semaphor neben dem Leuchtturm Hohe Weg bei Eisgang

Semaphor in Cuxhaven

kan. Zweimal am Tag wurden die Zeichen eingestellt. Am 1. August 1884 wurde das Gestell in Betrieb genommen, stürzte aber 1903 wieder ein. Der heutige Semaphor stammt aus dem Jahr 1904. In der Wesermündung (→ *Außenweser und Wesermündung*) stand am Leuchtturm → *Hohe Weg* ein Semaphor.

Senkkasten → *Caisson*

Sichtweite Die Sichtweite eines → *Feuers* ist abhängig von der Höhe der → *Lichtquelle* über dem Wasserspiegel und der Augenhöhe des Beobachters. Der Grund dafür ist die Erdkrümmung. Sollte bei einem schwachen Feuer die → *Tragweite* so gering sein, daß sich die Erdkrümmung nicht bemerkbar macht, dann sind Sichtweite und Tragweite gleich. Zur Ermittlung dieser Daten wird grundsätzlich ein Sichtigkeitsgrad der Luft von 80 Prozent angenommen.

Sideralapparat Ein Sideralapparat wirkt wie ein Parabolspiegel, der über einen Winkel von 360 Grad ausstrahlt. Er besteht aus einem oberen und unteren Spiegelteil, die beide zusammen im Längsschnitt zwei sich gegenüberstehende Parabeln bilden. Im → *Brennpunkt* steht die → *Lichtquelle*. Die Leuchtkraft dieser Apparate war nicht so intensiv wie die der Parabolspiegel. Daher verwendete man sie hauptsächlich für Hafenfeuer. Von den → *Seefeuern* wurden z. B. die Vorgänger der heutigen Türme → *Greifswalder Oie* und → *Warnemünde* mit Sideralapparaten ausgestattet.

Simon-Loschen-Turm → *Bremerhaven Oberfeuer*

Skagen in Dänemark ist ein Ort der → *Leuchtfeuer*. Man findet dort Beispiele aus verschiedenen Epochen der Seezeichengeschichte. Das älteste Leuchtfeuer wird durch eine Rekonstruktion repräsentiert. Es handelt sich dabei um ein → *Wippfeuer* aus dem 17. Jahrhundert. Diese Art eines Leuchtfeuers wurde früher sehr oft in Skandinavien verwendet. Von 1745 bis 1747 wurde der sogenannte weiße Turm erbaut. Er war zunächst nicht weiß, sondern rotbraun, weil er unverputzt blieb. Das Bauwerk war achteckig, 17 Meter hoch und trug ein offenes Kohlenfeuer, das 1816 überdacht wurde. 1835 erhöhten die Dänen den Turm auf 21 Meter, versahen ihn mit einer geschlossenen → *Laterne* und brachten 19 → *Reverberen* in zwei Reihen an. So tat der inzwischen weiß gestrichene Leuchtturm Dienst, bis 1857/58 der neue Turm gebaut und in Betrieb genommen wurde. Dieser ist 46 Meter hoch. Seine → *Feuerhöhe* beträgt ebenfalls 46 Meter. Installiert wurde eine elektrische → *Lichtquelle* von 1500 W, als Reserve dient Gas. Seine Scheinwerfer-Optik hat fünf Felder und ist auf Quecksilber gelagert. Als Antrieb fungiert ein Elektromotor. Das Leuchtfeuer hat eine → *Tragweite* von 23 → *Seemeilen.*

Somflether Wisch Das → *Oberfeuer* Somflether Wisch bildet zusammen mit dem → *Mielstack Unterfeuer* eine → *Richtfeuerlinie* elbabwärts. Es handelt sich um einen weiß/rot waagerecht gestreiften sechseckigen eisernen Gitterturm, der sich nach oben verjüngt. In einem zentralen Rohr befindet sich die → *Wendeltreppe*. Es wurden einige Türme dieser Art gebaut, die sich in der Höhe, in der Gestaltung des Eingangsbereichs und im Durchmesser der → *Laterne* unterscheiden. Das → *Feuer* ist heute noch in Betrieb und leuchtet weiß in der Richtlinie. Früher war eine Gürteloptik mit einer → *Brennweite* von 250 Millimetern in Betrieb. Farbige → *Sektoren* gaben bestimmte Anweisungen. Bei Durchbrennen der 250-Watt-Glühlampe wurde automatisch auf Gasbetrieb gewechselt. Der Turm steht in der Ortschaft Wisch, etwa 100 Meter vom Deich entfernt. Vor dem Turm steht das hellgelbe Wohnhaus für den ehemaligen → *Leuchtfeuerwärter*. Erbaut: von 1905 bis 1906, gezündet am 25. Februar 1907. Höhe über dem Erdboden: 36 Meter, → *Feuerhöhe:* 32 Meter.

Sonnenventil Um einen schwarzen Metallstab sind helle und blanke Metallstäbe angeordnet. Bei Sonnenlicht, und somit durch Wärmeeinwirkung, dehnt sich der schwarze Stab stärker als die anderen. Durch ein Hebelsystem wird diese Bewegung auf ein Gasventil übertragen und öffnet oder schließt dieses, um eine Gasflamme zu zünden oder zu löschen. Das Sonnenventil ist eine der bedeutendsten Erfindungen des schwedischen Physikers und Nobelpreisträgers Nils Gustaf → *Dalén.*

Spiegeldrehfeuer ist ein Drehfeuer, bei dem die Lichtbündelung durch Hohlspiegel erzeugt wird.

St. Peter-Böhl An der Südwestseite der Halbinsel Eiderstedt stand im 19. Jahrhundert eine → *Bake*, um der Schiffahrt die Orientierung in die Eidermündung – und somit in den Eiderkanal – zu erleichtern. Der Eiderkanal, auch Schleswig-Holstein-Kanal genannt, wurde

1784 fertiggestellt und war die erste künstliche Wasserstraße zwischen der → *Nordsee* und der → *Ostsee*. 1892 ist die Bake durch einen massiven Steinturm mit spitzem Dach, aber ohne → *Leuchtfeuer*, ersetzt worden. Erst 1914 erhielt der 18 Meter hohe Turm eine → *Laterne* mit Petroleumlicht. Seit 1938 wird das Leuchtfeuer elektrisch betrieben. Von 1956 bis zur → *Automatisierung* 1978 versah Martha Peters als Hilfsleuchtfeuerwärterin ihren Dienst am Turm. Am letzten Tag ihres Amtes zählte sie 77 Lebensjahre. Der Leuchtturm St. Peter-Böhl ist ein → *Quermarkenfeuer* mit einer → *Feuerhöhe* von 21 Metern.

St. Peter-Ording Beliebter Bade- und Kurort an der schleswig-holsteinischen Nordseeküste mit einem 12 Kilometer langen Sandstrand. Südlich vom Kurzentrum steht der Leuchtturm → *St. Peter-Böhl*. Ebenfalls ein beliebtes Ausflugsziel ist der nahe gelegene Leuchtturm → *Westerheversand*.

Staberhuk Eine gefährliche Untiefe für Sport- und Berufsschiffer liegt vor Staberhuk, der Südostspitze der Insel → *Fehmarn*. Beim Anblick des Leuchtturms Staberhuk fällt seine wuchtige → *Laterne* auf, die eine interessante Vorgeschichte hat. Ausgangspunkt ist die 1807 von England besetzte Nordseeinsel → *Helgoland*. Auf dem Helgoländer Oberland wurde 1811 von der englischen Seezeichenbehörde „Trinity House" ein Leuchtturm gebaut, der 1875 eine große → *Fresnel-Linse* bekam. Die 2,41 Meter hohe und 1,84 breite → *Gürtellinse* mit 43 geschliffenen Glasprismaringen wurde 1902 wieder demontiert und sorgfältig in Kisten verpackt. Die Insel war mittlerweile deutsch geworden, und neben dem englischen Leuchtturm entstand ein neuer 36 Meter hoher Turm. Mit dem Schiff „Heinrich Wilhelm" gelangte die Linse auf dem kompletten Laternenraum nach Fehmarn. Dort war 1903 auf der Landspitze Staberhuk der Bau des gleichnamigen Leuchtturms so weit fortgeschritten, daß er den Laternenraum mit der großen Linse aufnehmen konnte. Seit 1904 zeigt der 22 Meter hohe Leuchtturm Staberhuk sein Licht. Die → *Feuerhöhe* beträgt 25 Meter. 1928 wurde das → *Leuchtfeuer* elektrifiziert. Nach der → *Automatisierung* verbrachte der letzte → *Leuchtfeuerwärter* von Staberhuk, Erich Kolbe, seinen Lebensabend am Turm. Der Leuchtturm hinterließ auch Spuren in der → *Kunst*. Der expressionistische Maler Ernst Ludwig Kirchner (1880 bis 1938) wirkte um

Leuchtturm St. Peter in dem Ortsteil St. Peter-Böhl, 1892 erbaut als Peilturm, 1914 Umbau zum Leuchtturm, 18 Meter hoch: Er wurde jahrelang von einer Leuchtfeuerwärterin betreut.

Leuchtturm Skagen in Dänemark, 1857 bis 1858 erbaut, 46 Meter hoch

Leuchtturm Staberhuk auf Fehmarn, 1903 bis 1904 erbaut, 22 Meter hoch: Er trägt die Laterne des alten englischen Turms auf Helgoland, der 1902 abgerissen wurde. Der Turm hat auch einen Platz in der Kunstgeschichte erhalten. Der expressionistische Künstler Ernst Ludwig Kirchner (1880 bis 1938) wohnte und arbeitete zeitweise am Turm (siehe Kunst).

Leuchtturm Somflether Wisch an der Elbe, 1905 bis 1906 erbaut, 36 Meter hoch

1908 und zwischen 1912 und 1914 auf dem Huk.

Süderoogsand-Leuchtbake Deutschlands einzige hölzerne Leuchtbake steht auf dem Süderoogsand. Die Sandinsel liegt an der schleswig-holsteinischen Westküste nordwestlich vom Leuchtturm → *Westerheversand* wie eine Barriere vor der Hallig Süderoog und der Insel → *Pellworm*. Bei Sturmfluten überflutet die → *Nordsee* den Sand. Die 19 Meter hohe Leuchtbake wurde 1987 errichtet und erreicht eine → *Feuerhöhe* von 18 Metern. Sie warnt Schiffe vor der gefährlichen Sandbank und erleichtert die Einfahrt in den Heverstrom. In dem hölzernen Bauwerk befindet sich ein Rettungsraum für Schiffbrüchige.

Swinoscie Das ehemalige Swinemünde gehört heute zu Polen. Der Leuchtturm Swinoujscie wurde in den Jahren 1857 bis 1858 erbaut und hat eine Höhe von 68 Metern. Er war vor 1945 Deutschlands höchster Leuchtturm. Im Zweiten Weltkrieg wurde der Turm beschädigt und später von den Polen fachmännisch restauriert. Das Bauwerk ist zur Besichtigung freigegeben.

Sylt Mit knapp 99 Quadratkilometern ist Sylt die größte deutsche Nordseeinsel. Auf der Seeseite mißt die zu → *Nordfriesland* gehörende Insel 38,5 Kilometer. Seit 1927 ist Sylt mit dem Festland durch den 11 Kilometer langen Hindenburgdamm verbunden. Bis 1864 stand die Insel unter dänischer Herrschaft. Ein Zeugnis dieser Zeit sind die Initialen des dänischen Königs Frederik VII. am großen Leuchtturm → *Kampen*. Auch die Leuchttürme auf dem Ellenbogen → *List West* und → *List Ost* sind „Dänen“. Ein echter „Preuße“ hingegen ist der Leuchtturm → *Hörnum*, in dem einmal Deutschlands kleinste Schule untergebracht war. Nicht mehr in Betrieb ist der → *Rote Kliff, alter Turm*.

Bereits im frühen 20. Jahrhundert entwikkelte sich Sylt zu einer beliebten Ausflugs- und Ferieninsel. Die historische Postkarte, mit Dünenlandschaft und Leuchtturm Hörnum, erreichte 1910 einen Empfänger in Berlin.

Leuchtturm Swinoujscie, Polen, früher Swinemünde. 1857 bis 1858 erbaut, 68 Meter hoch

Leuchtbake Süderoogsand, 1987 erbaut, 19 Meter hoch: Die Leuchtbake hatte mehrere Vorgänger. Sie ist mit einer Schutzhütte für Schiffbrüchige ausgestattet (siehe auch Seite 161).

T

Tagesmarke, Tageskennung Ein Leuchtturm dient auch am Tage bei ausgeschaltetem → *Leuchtfeuer* als Marke. Er ist so angestrichen, daß er sich von seiner Umgebung deutlich abhebt und gut zu sehen ist. Diesen auffallenden Anstrich, verbunden mit der Form des Leuchtfeuerträgers, nennt man auch Tageskennung.

Tegeler Plate ist eine Sandbank in der Wesermündung (→ *Außenweser und Wesermündung*). Auf ihr steht, vom Wasser umspült, der Leuchtturm Tegeler Plate, der 1966 ein → *Feuerschiff* ablöste. Der vorgefertigte Turm mit einer Gesamtlänge von 46 Metern wurde binnen eines Tages (14. Juli 1965) 17 Meter tief in den Sandgrund gespült und mit einem Schwimmkran aufgerichtet. Seine → *Feuerhöhe* beträgt 21 Meter und zeigt seit 1965 ein → *Leit-* und → *Quermarkenfeuer.* Das ferngesteuerte Bauwerk besitzt eine Notunterkunft für das Wartungspersonal.

Timmendorf auf der Ostseeinsel Poel ist ein kleiner Hafen- und Ferienort. Dort steht auch der gleichnamige Leuchtturm Timmendorf und weist Schiffen in den Hafen von Wismar den Weg. Die Geschichte des Leuchtturms Timmendorf ist nicht nur die Geschichte eines Bauwerks, sondern auch, wie bei vielen Leuchttürmen, die eines Ortes oder einer Region. Am Ende des 12. Jahrhunderts begann der Aufstieg Wismars zu einer bedeutenden Hansestadt, die regen Handel im Ostseeraum trieb. Nach dem Vorbild Lübecks, das seine maritimen Belange auch durch das Errichten von → *Seezeichen*, besonders durch den Betrieb eines → *Leuchtfeuers* in → *Travemünde*, zu sichern verstand, errichtete Wismar 1266 auf der Insel Lieps einen Turm. Heute sind Insel und Turm verschwunden. Die gegenüberliegende Insel Poel wurde Standort eines Seezeichens. Allerdings ist die Quellenlage spärlich und belegt nur die Existenz einer 1871 abgerissenen hölzernen → *Bake*. Der heutige Leuchtturm, ein → *Leit-* und → *Quermarkenfeuer*, wurde am 1. Oktober 1872 seiner Bestimmung übergeben. Die → *Laterne* des Leuchtturms Timmendorf stand ursprünglich auf einem weißen Turmschaft. Von 1930 bis 1931 ist der Turm von 17 Metern auf 21 Meter erhöht worden. Die → *Feuerhöhe* beträgt seitdem 21 Meter. Direkt an den Turm gebaut wurden die Wohnung des ehemaligen → *Leuchtfeuerwärters* und das Lotsenhaus. Eine umfangreiche Sanierung ist nach

Der Leuchtturm Timmendorf auf der Insel Poel im Abendlicht fotografiert. Die Aufnahme vom Leuchtturm entstand vor einer Sanierung, während die Laterne den bereits renovierten Zustand zeigt (unten rechts).

Um Leuchttürme auch am Tag unterscheiden zu können, sind sie als Tagesmarken unterschiedlich gekennzeichnet, wobei der Anstrich für eine auffällige Kennung sorgt. Der Leuchtturm Hörnum auf der Insel Sylt (oben links) zeigt einen roten Turmschaft mit einer weißen Binde. Auf der Nachbarinsel Amrum (oben rechts) wurde der Leuchtturm rot mit zwei weißen Binden gestrichen. Leuchttürme, die nicht mehr als Seezeichen dienen, mußten mit im Seezeichenwesen unüblichen Farben, wie etwa Gelb oder Blau, gestrichen werden.

der Wende erfolgt. Ebenfalls auf der Insel Poel steht das kleine Leuchtfeuer Gollwitz, das 1953 in Betrieb ging: ein kleiner, zweckmäßiger Bau mit einer Feuerhöhe von nur 13 Metern.

Tinsdal → *Wittenbergen*

Tonnen Schwimmende, auf Grund verankerte → *Seezeichen*. Tonnen sollen der Schiffahrt als nautisches Hilfsmittel dienen, um den jeweils günstigsten Weg von einer Position zur anderen zu finden, Reeden abzugrenzen und Untiefen anzuzeigen. Als Nachtseezeichen werden sie Leuchttonnen genannt. Die modernen Tonnen haben einen hohen Laternenträger, der einen wirksamen Radarreflektor sowie ein mit einer individuellen → *Kennung* versehenes Gaslicht enthält. An bestimmten Ansteuerungspositionen werden Tonnen außerdem mit einer Radarantwortbake ausgerüstet. Wenn man von See kommt, liegen an Steuerbord grüne Tonnen mit ungeraden Zahlen, an Backbord rote Tonnen mit geraden Zahlen. Alle Tonnen werden mit Tagesleuchtfarbe gestrichen. Vereinzelt gelangt heute auch die Solartechnik für Leuchttonnen zum Einsatz. An der deutschen Nordseeküste sind die ersten Tonnen für Anfang des 15. Jahrhunderts urkundlich belegt. Tonnen waren zunächst eisenbeschlagene hölzerne Fässer oder kegelförmige Holzgefäße. Seit dem 19. Jahrhundert werden sie aus Eisen hergestellt. Leuchttonnen sind seit 1880 in Gebrauch. Dem ging die Entdeckung voraus, daß sich Öl- oder Fettgas stark komprimieren, ja sogar verflüssigen und in Behältern transportieren läßt. So wurde es zum Beispiel möglich, Eisenbahnwaggons mit Gasbeleuchtung auszustatten. Erfinder dieser Anlagen war der Berliner Klempnergeselle → *Pintsch*. Die Eisenbahnwaggonbeleuchtung von Pintsch wurde ein Erfolg und die Firma Julius Pintsch weltberühmt. Pintsch-Ingenieure entwickelten auch Leuchttonnen und Leuchtbaken, die einige Monate lang ohne jede menschliche Hilfe brennen konnten. Während eines schweren Sturms an der australischen Ostküste riß eine Pintsch-Tonne aus der Verankerung und trieb danach monatelang im Pazifik bis vor die chilenische Küste, wo Fischer sie, immer noch blinkend, bargen. Eine dieser legendären Pintsch-Leuchttonnen steht heute im Eingangsbereich des Deutschen Museums in München. Eine Leuchttonne, die in ihrem Rumpf den Strom durch die Wellenbewegung erzeugt, schwamm einmal vor → *Büsum*. Bei Eisgang werden die normalen Tonnen teilweise aufgenommen

Tonnenleger „Bussard“ bei der Arbeit: Das Schiff liegt heute als Museumsschiff an der Brücke des Schifffahrtsmuseums Kiel.

Eine Leuchttonne wird vom Tonnenleger zur Kontrolle an Bord geholt.

Leuchtfeuerwerkstatt: Auf der Werkbank eine Gürtellinse (oben)

Tonnen, die nicht ausgelegt oder gewartet werden, sind auf einem Tonnenhof gelagert. Die Aufnahme entstand in Tönning.

und durch kleinere Wintertonnen ersetzt.

Tonnenhof Wird auch Bauhof genannt und ist eine Anlage oder Gelände für Wartung, Unterhalt, Reparatur und Lagerung von → *Tonnen*, die nicht auf Position ausliegen. Ein Tonnenhof umfaßt außerdem Büros, Werkstätten und andere Einrichtungen sowie einen Kai für den oder die → *Tonnenleger*. Alle Tonnen werden routinemäßig im Zwei-Jahres-Rhythmus zur Instandsetzung, Konservierung, bei Leuchttonnen zur Überholung der → *Laterne* und zum Austausch der Propanfässer, gewartet. Bei Schäden, die vom Tonnenleger nicht mit Bordmitteln zu beseitigen sind, werden sie ebenfalls zum Tonnenhof gebracht. Besonders nach Schiffsunfällen sind die Tonnenhöfe mit ihren Seezeichenfahrzeugen gefordert, da die Unfallstelle umgehend mit besonderen Wracktonnen abgesichert werden muß. In → *Büsum* steht ein Leuchtturm auf dem Tonnenhof.

Tonnenleger (auch Seezeichenschiff oder Seezeichenfahrzeug) Schiff, mit dessen Hilfe Arbeiten an → *Seezeichen* ausgeführt werden können oder das zum Material- und Personaltransport für Betrieb und Unterhalt von → *Seezeichen* dient. Ein Tonnenleger besitzt einen Ladebaum, mit dem die → *Tonnen* aus dem Wasser geholt oder ins Wasser gehievt werden. Charakteristisch ist zudem ein flaches Arbeitsdeck. Vor der → *Automatisierung* der im Meer stehenden Leuchttürme wie → *Roter Sand* und zu jener Zeit, als noch → *Feuerschiffe* auf Station lagen, waren Tonnenleger wichtige Versorgungsschiffe. Einige trugen oder tragen Namen verdienter Männer im → *Seezeichenwesen*, so die Tonnenleger Walter → *Körte* oder Gustav Meyer. Der Tonnenleger „Bussard“ ist heute Museumsschiff in Kiel.

Torfeuer sind zwei an jeder Seite des → *Fahrwassers* sich gegenüberstehende Leuchttürme oder Leuchtbaken von gleicher Höhe und Form. Sie unterscheiden sich nur in der Farbe und → *Kennung*, um die Fahrwasserseite zu markieren.

Torre de Hercules Bei der spanischen Hafenstadt La Coruña steht der älteste in Betrieb gehaltene Leuchtturm der Welt. Der Legende nach soll der griechische Held Herkules den Turm als Zeichen seines Sieges über den Riesen Gerion errichtet haben. Demnach wäre der Turm mehrere tausend Jahre alt. Eine weitere Legende enthält eine auffallende Parallele zum

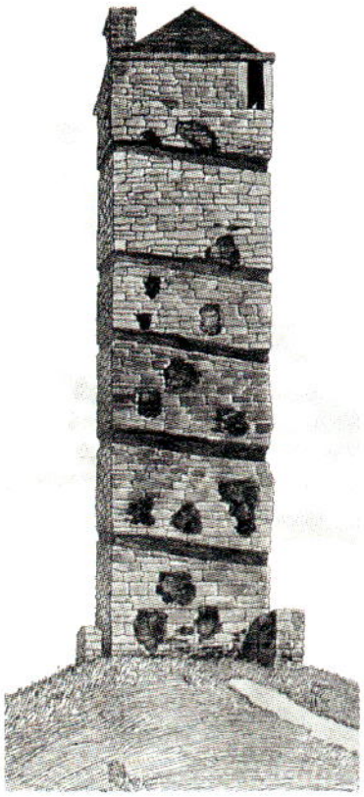

Rekonstruktion des Torre de Hercules, der vermutlich zwischen 53 und 117 n. Chr. errichtet bzw. umgebaut wurde. Er ist der älteste, noch in Betrieb befindliche Leuchtturm der Welt.

Der Torre de Hercules heute: Die Fassade folgt, wie man erkennen kann, dem altertümlichen Aufgang. Seine Höhe beträgt 49 Meter.

Die beiden Torfeuer stehen auf der polnischen Seite der Insel Usedom am Stettiner Haff und markieren die Fahrrinne zur „Kaiserfahrt", einer Begradigung der Swine.

→ *Pharos von Alexandria*. Auch im Torre de Hercules sollen mit einem Wunderspiegel Schiffen weit draußen auf dem Meer Zeichen gegeben worden sein. Die Erbauung des Turms wird in der Regierungszeit des römischen Kaisers Marcus Trajan, der von 53 bis 117 n. Chr. lebte und von 98 bis 117 n. Chr. herrschte, vermutet. In Rom schuf Trajan imposante Bauten und förderte den Handel im Reich durch neue Hafenanlagen, Straßen, Kanäle und Brücken. Den römischen Schiffen wies der Turm den Seeweg in den Kanal und somit zu ihrer Kolonie im Süden Englands. Im 16. Jahrhundert stand nur noch eine Ruine. Ab 1685 diente der Torre de Hercules wieder als Leuchtturm. Seine heutige Fassade ist das Resultat von Umbauten aus den Jahren 1790 und 1847. Die Turmhöhe beträgt 49 Meter, die → *Feuerhöhe* 106 Meter.

Tossens-Oberfeuer An der Jademündung, gegenüber von Wilhelmshaven, steht dieses 53 Meter hohe → *Oberfeuer*, ein schlanker runder Turm, rot mit zwei weißen Bändern und, was sehr ungewöhnlich ist, mit drei → *Galerien*. Das Oberfeuer ist seit 1987 in Betrieb und erreicht eine → *Feuerhöhe* von 51 Metern. Etwa 2 → *Seemeilen* vom Oberfeuer entfernt steht das Tossens-Unterfeuer mit einer Feuerhöhe von 15 Metern.

Tragweite ist die Reichweite eines → *Feuers*, die von der Leuchtkraft, resultierend aus dem Zusammenwirken von → *Lichtquelle* und → *Optik*, abhängig ist. Voraussetzung dafür ist eine gute Sicht. Wie bei der → *Sichtweite* legt man einen Sichtigkeitsgrad der Luft von 80 Prozent zugrunde. Tragweite ist die Entfernung, aus der man ein Feuer gerade noch erkennen kann.

Travemünde, alter Turm Deutschlands ältester Leuchtturm steht in der Lübecker Bucht an der Travemündung. Das denkmalgeschützte Bauwerk zeigte von 1539 bis 1972 ein → *Leuchtfeuer*. Kaiser Friedrich II. erklärte 1226 Lübeck zur „reichsfreien", also nur dem Kaiser unmittelbar unterstehenden, Stadt. In der kaiserlichen Reichsfreiheitsurkunde wurde auch ein Hafenzeichen „Travenemunde" erwähnt, und Lübeck wurden diesbezüglich Privilegien eingeräumt. Ob es sich bei dem Hafenzeichen schon um ein Leuchtfeuer handelte, läßt sich nicht belegen. Für das unabhängige sowie wirtschaftlich expandierende Lübeck, das 20 Kilometer von der → *Ostsee* entfernt an der Trave liegt, war die freie und sichere Traveeinfahrt Existenzgrundlage. So stammt schon der erste belegbare Nachweis für ein Leuchtfeuer in Travemünde aus dem Jahr 1316. In dem ältesten Lübecker Kämmereibuch sind Ausgaben für den → *Leuchtfeuerwärter* („Custos Lucerne“) als Beamter des Rats notiert. Dieser Mann war Deutschlands erster hauptberuflicher Leuchtfeuerwärter. Seine ungewöhnlich hohe Besoldung im Vergleich zu anderen Personalausgaben der Stadt Lübeck läßt vermuten, daß im Gehalt die Brennmaterialienbeschaffung (Holz) enthalten war. Wie viele Leuchtfeuerwärter ihrem Dienst im Travemünder Leuchtturm nachkamen, ist unbekannt. Aus der Alltagsanonymität traten sie nur heraus, wenn sie ihre Arbeit nicht so verrichteten, wie sich andere das vorstellten. So heißt es in einem Brief anno 1714 an den Lübecker Rat: „Wir kommen nicht umhin darauf hinzuweisen, daß die Feuerung auf der Leuchte bei Travemünde in einem sehr schlechten Zustand ist.“ Die Beschwerde über den Leuchtfeuerwärter wurde von der Kaufleute Compagnie, den Schonerfahrern, Nowgorodfahrern, Bergenfahrern, Rigafahrern und den Stockholmfahrern aufgesetzt. Über die Bauart des Leuchtfeuers aus der ersten Hälfte des 14. Jahrhunderts gibt es keine Berichte. Von dänischen Truppen wurde das mittelalterliche Leuchtfeuer 1534 zerstört. Erst mit dem Bau des heute im Schatten eines Hochhauses stehenden 31 Meter hohen Backsteinturms verdichteten sich wieder die Informationen. Von holländischen Maurern wurde der Turm 1539 ohne Gerüste hochgezogen. Anfangs muß auf der offenen Turmplattform ein Holz- oder Kohlenfeuer gebrannt haben. Eine um 1604 entstandene Federzeichnung zeigt den Leuchtturm Travemünde mit einer Kuppel. Vermutlich brannten zwölf Wachskerzen auf einem eisernen Armleuchter unter der Kuppel. Von einem Herrn Zacharias Conrad liegt eine Beschreibung aus dem Jahr 1710 vor. Er berichtete, daß hinter Glasscheiben Leuchtapparate brannten. „Sie bestanden aus zwei polierten, mittelmäßigen Spiegeln, etwa von einem Schuh im Diameter. Vor jedem Spiegel sind zwei Lampen mit je zwei Dochten angebracht.“ Durch den Ausbau des Lotsenwesens in Travemünde wurde der Leuchtturm auch als Beobachtungsstation genutzt. Am 9. Februar 1827 entzündete ein Blitzschlag, „der einzige, welcher wahrgenommen wurde“, den Leuchtturm an der Seeseite. Ein Zeuge: „Das Öl, welches unten im Turm lagerte, wurde herausgeschafft und alle Sorge auf die Erhaltung der Wohnung des Leuchtfeuerwärters gerichtet. Die brennende Kuppel aber mußte ihrem Schicksal überlassen werden." Mit dem Wiederaufbau der → *Laterne* wurde unverzüglich begonnen. Allerdings erreichte dieser Leuchtapparat nicht die Lichtqualität seines Vorgängers. 1903 beginnt für das Leuchtfeuer in Travemünde das elektrische Zeitalter mit der Montage einer → *Bogenlampe*. Die letzte Leuchtfeuereinrichtung auf dem Turm stammt aus dem Jahr 1937 und ist mit ihrem Parabolzylinderspiegel einzigartig an der Nord- und Ostseeküste. Durch den Bau eines Hochhauses wurde das Leuchtfeuer vom alten Leuchtturm verdeckt und mußte daher am 7. April 1972 gelöscht werden.

Travemünde, neues Feuer Seit 1972 verdeckt das Gebäude eines Hotels an der Travemündung das → *Leuchtfeuer* vom alten Backsteinturm, der seit 1539 ein bedeutendes → *Seezeichen* war. Auf dem Travemünder Maritim-Hochhaus beansprucht seitdem das → *Wasser- und Schiffahrtsamt* Lübeck einen Raum, den man als Deutschlands höchste → *Laterne* bezeichnen kann. Betritt man den Raum in 115 Meter Höhe, so fasziniert zunächst der Ausblick. Ein längeres Verweilen bereitet allerdings wenig Freude, da die Wände schwarz gestrichen sind, um Streulicht zu absorbieren. Der in der Mitte stehende utopisch anmutende Apparat ist ein vom → *Seezeichenversuchsfeld* in Koblenz entwickeltes Spiegeldrehfeuer mit vier Scheinwerfern, von denen zwei in Reserve mitlaufen. Mit nur 19 → *Seemeilen* → *Tragweite* ist die Wirksamkeit des Lichtes bewußt auf den Bereich der Lübecker Bucht begrenzt. Weiter draußen orientiert sich die Schiffahrt anhand anderer Leuchtfeuer.

Travemünde-Nordmole Atemberaubend große Fährschiffe passieren die Travemündung. Von den Kommandobrücken dieser Schiffe erscheint die Nordmole klein und unbedeutend. Aber so ist es nicht. Bereits 1465 läßt die Stadt Lübeck die Travemündung mit Steindämmen vor dem Versanden schützen. Mehrmals erneuert und verlängert wurde 1967 auf der Nordmole ein Turm, der in Deutschland seinesgleichen sucht. Die Außenwand der stählernen Molenbake hat zwei breite Streifen aus Glasbausteinen, die bei Nacht von innen beleuchtet werden. Auf diese Weise läßt sich von vorbeifahrenden Schiffen der Abstand zur Bake leichter einschätzen. Somit ist der Turm auf der Nordmole der einzige „echte" Leuchtturm in dieser Region. Turmhöhe 9 Meter, → *Feuerhöhe* 11 Meter.

Kolorierte Federzeichnung aus dem Jahr 1604: Sie zeigt Travemünde mit dem 1539 von holländischen Maurern ohne Gerüst hochgezogenen Leuchtturm. Das Bauwerk trägt 1604 bereits eine Kuppel, unter der vermutlich Wachskerzen auf einem Eisengestell brannten. Der Turm ist der älteste Leuchtturm Deutschlands und war bis 1972 in Betrieb.

Zwei Leuchttürme auf einen Blick: Der runde Ziegelturm in Travemünde zeigte 1539 zum ersten Mal sein Licht. Generationen von Leuchtfeuerwärtern verrichteten hier ihren Dienst, bis 1972 der Neubau eines Hochhauses das Leuchtfeuer verdeckte. Seitdem strahlt aus einem Apartment in 115 Meter Höhe ein Leuchtfeuer über die Lübecker Bucht.

Auch auf der Nordmole von Travemünde steht ein Leuchtturm: Hinter zwei Ringen im Turmschaft, die aus Glasbausteinen sind, brennt Licht.

U

Übernachten im Leuchtturm oder an Leuchttürmen ist an verschiedenen Orten auf der Welt möglich. Aktuelle Informationen über Unterkunftsmöglichkeiten verbreitet die Zeitschrift → *„Leuchtfeuer“*. In Deutschland stehen Ferienunterkünfte in den ehemaligen Wohnungen der → *Leuchtfeuerwärter* dem Sozialwerk des Bundesverkehrsministeriums zur Verfügung.

Überstülpzylinder Der Überstülpzylinder dient der Kennungserzeugung bei Verwendung einer Dochtlampe. Der Zylinder wird, durch ein Gewichtsuhrwerk angetrieben, im gewünschten Rhythmus über die Flamme gestülpt und wieder hochgezogen.

UFS Mit den Abkürzungen UFS für „Unbemanntes Feuerschiff“ und LANBY für „Large Automatic Navigational Buoy“ werden schwimmende, am Grund verankerte → *Seezeichen* bezeichnet, mit denen unter anderem die legendären bemannten → *Feuerschiffe* abgelöst worden sind. Da sie sich in der Größe von gebräuchlichen → *Tonnen* unterscheiden, werden sie auch „Großtonnen“ genannt.

Umlaufblende Umlaufblenden dienen der Kennungserzeugung und werden besonders für → *unterbrochene Feuer* eingesetzt. Eine senkrecht stehende Blende rotiert langsam um eine ständig brennende → *Lichtquelle*, verdeckt diese kurz und gibt sie wieder für längere Zeit frei. Je nach Anzahl der Blenden kann auch eine Gruppe von Unterbrechungen gezeigt werden.

Unter-Eversand Das Hauptfahrwasser der → *Außenweser* führte bis in die 20er Jahre des vorigen Jahrhunderts durch den Wurster Arm am Eversand entlang. Von 1887 bis 1905 wurden insgesamt vier → *Leuchtfeuer* auf dem Eversand in Betrieb genommen: Unter-Eversand, Ober-Eversand, Meyers Legde – 1887 in Betrieb genommen und 1905 neu gebaut – und Solthörn. Durch Fahrwasserverlagerung wurden 1925 zwei Leuchtfeuer stillgelegt; die beiden letzten folgten 1945. Die Sandbank Eversand und die sie umgebenden Watten gehören heute zu einem Naturschutzgebiet, in dem das alte Leuchtfeuer Unter-Eversand als Nistplatz für Kormorane dient. Zu diesem Zweck wurde der eiserne Oberbau des Turms mit zusätzlichen Nistterrassen versehen.

Unterbrochenes Feuer hat eine lange Lichterscheinung, gefolgt von kur-

Umlaufblenden drehen sich langsam um die Leuchte und erzeugen für die Kennung ein unterbrochenes Feuer. Beispiel hier: Westerheversand

Unbemanntes Feuerschiff am Tonnenhof in Wilhelmshaven

Leuchtturm Unter-Eversand, 1886 bis 1887 erbaut, 21 Meter hoch: Er wurde 1925 außer Betrieb gesetzt.

zer Pause. Es gibt → *Feuer* mit Einzelunterbrechungen und solche mit einer Gruppe von Unterbrechungen.

Unterfeuer Teil einer → *Richtfeuerlinie*, niedriger und näher am → *Fahrwasser* als das → *Oberfeuer*.

V

Veitmeyer, Ludwig Alexander (1820 **bis** 1899) war einer der einflußreichsten Leuchtturm-Techniker seiner Zeit. Er hatte für sämtliche Leuchttürme, die an preußischen Küsten errichtet wurden, die Pläne erarbeitet und ihre Ausführung verantwortet. Nach der Reichsgründung (1871) hat Veitmeyer bis 1889 die technische Ausstattung der → *Leuchtfeuer* in Deutschland weitestgehend mitbestimmt. Unter anderem führte er das System einer ineinandergreifenden Feuerkette an der → *Ostsee* ein. Für seine nicht nur auf die Leuchtfeuertechnik beschränkten Verdienste verlieh ihm der Kaiser 1895 den Titel „Geheimer Baurat". 1845 wurde der noch junge Veitmeyer von der preußischen Regierung nach Paris geschickt, um sich bei einem der führenden Hersteller von → *Fresnel-Linsen* mit der Montage, Wartung und Bedienung solcher → *Optiken* vertraut zu machen. Damals mußten die zur Sicherung der Schiffahrt notwendigen optischen Geräte noch aus dem Ausland, besonders aus Frankreich eingeführt werden. Veitmeyer war Vertreter der führenden französischen optischen Fabrik Barbier Bernard & Turenne. Er gründete auch eine Firma, die seinen Namen trug und Beleuchtungseinrichtungen importierte. Seinem umfassenden Weitblick und seinem technischen Verständnis, aber auch seinem Geschäftssinn ist es zu verdanken, daß die Leuchtfeuer in Deutschland dem damals neuesten Stand der Technik angepaßt wurden.

Vicke-Schorler-Rolle Im Stadtarchiv Rostock wird ein bemerkenswertes Kartenwerk aufbewahrt: die Vicke-Schorler-Rolle. Als Laie auf dem Gebiet der Zeichenkunst hatte ein Rostocker Krämer im 16. Jahrhundert das Panorama seiner Heimatstadt an der Warnow und deren Umgebung auf Papier dargestellt. Vicke Schorler (um 1560 bis 1625), wählte für sein koloriertes Schaubild ein Format von nur 60 Zentimeter Höhe, aber einer Länge von mehr als 18 Metern. Am Anfang seiner Bildrolle zeichnete Schorler den Hafenort → *Warnemünde* mit der Ausfahrt zur offenen See. Das erste dargestellte Bauwerk ist ein Leuchtturm.

Vogelschutzbeleuchtung, Vogelschutzgitter Durch die sehr hellen Lichtstrahlen eines → *Leuchtfeuers* werden vorbeiziehende Vögel oft geblendet und verlieren vorübergehend die Orientierung. Es kommt häufig vor, daß die Vögel gegen die Laternenverglasung fliegen und ihr Leben verlieren. Beim Anflug eines großen Vogels kann sogar eine Scheibe zu Bruch gehen. Um das Anfliegen der Vögel gegen die Laternenscheiben zu verhindern, wurden auf einigen Leuchttürmen Lampen angebracht, die den ganzen Turmkopf anstrahlten und den Vögeln eine bessere Orientierung ermöglichten. Diese Maßnahme wurde besonders auf den Leuchttürmen angewandt, die im Bereich der Flugschneise der Zugvögel stehen. Eine andere Möglichkeit, den Anflug von Vögeln zu verhindern, ist die Installation eines Vogelschutzgitters. Dieses ist mit einem feinen Drahtgeflecht versehen und außen in einem Abstand von ca. 30 Zentimetern vor der Laternenverglasung angebracht.

Voslapp-Oberfeuer, ein runder roter Turm an der Jademündung mit zwei weißen Bändern und mit zwei Umgängen unter dem flachen Dach. Die → *Feuerhöhe* beträgt 60 Meter, die Bauwerkhöhe 61 Meter. Das Voslapp-Unterfeuer, ein ebenfalls runder roter Turm mit zwei weißen Bändern, ist nur 17 Meter hoch und hat eine Feuerhöhe von 15 Meter. Er ist seit 1961 in Betrieb.

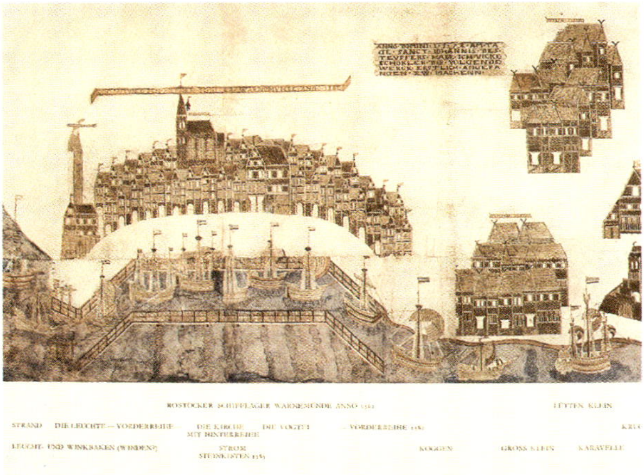

Um 1580 erstand die Vicke-Schorler-Rolle, hier ein Ausschnitt: Die 18 Meter lange Bildrolle zeigt auch Warnemünde mit einem Mast, an dem seewärts eine Laterne hängt.

In der Nähe von strahlenden Leuchtfeuern verlieren Vögel oft die Orientierung, und so ist es keine Seltenheit, daß die Tiere gegen die Verglasung der Laterne fliegen. Besonders bei Türmen in Vogelzuggebieten oder vogelreichen Regionen ist dies ein Problem, wie ein Stich vom Leuchtturm Cuxhaven zeigt. Vogelschutzbeleuchtung und Vogelschutzgitter sind ein wirksamer Schutz für Tiere und Laternenglas.

Das Voslapp-Oberfeuer an der Jademündung ist 61 Meter hoch und unter Nr. 18801 im Leuchtfeuerverzeichnis eingetragen.

W

Wangerooge, alter Leuchtturm In der Silvesternacht 1854 wurde die Insel Opfer einer verheerenden Flut. Bei dieser Katastrophe wurde nicht nur der → *Wangerooge, Westturm* durch Landabbruch scheinbar bis ins Meer versetzt und das um ihn liegende Dorf vernichtet, auch ein 1830 gebauter Leuchtturm geriet durch Landverlust in den Brandungsbereich. Eiligst mußte ein neuer Leuchtturm gebaut werden, denn der am Strand umspülte Turm drohte einzustürzen, was 1859 auch geschah. In den Ostdünen entstand bis zum 1. Oktober 1856 der noch heute stehende „alte Turm". Um den 30 Meter hohen Leuchtturm siedelten sich nach dem Dorfuntergang die wenigen verbliebenen Wangerooger an. Zunächst trug der Turm eine kleine → *Optik*, ab 1878 ein neues Drehlinsenfeuer größerer Art, mit → *Argand-Lampen*, deren → *Tragweite* maximal 20 → *Seemeilen* betrug. Um die Einfahrt in die → *Jade* und in die → *Außenweser* noch besser zu sichern, bekam der Turm 1896 eine elektrische → *Lichtbogenlampe*, betrieben aus einem nahe gelegenen Maschinenhaus mit je zwei Dampfmaschinen und Dynamos. Von August 1925 bis zum Januar 1927 blieb das → *Leuchtfeuer* gelöscht. Die → *Laterne* wurde abmontiert und der Turm auf 39 Meter erhöht. Die heute als Aussichtsplattform genutzte und damals neu aufgebaute Laterne der Berliner Firma Julius → *Pintsch* wies bis zum Dezember 1969 Schiffen den Weg. In dem Leuchtturm befindet sich ein kleines Museum mit Ausstellungsstücken zur Inselgeschichte.

Wangerooge, neuer Leuchtturm Die Notwendigkeit für einen abermals neuen Leuchtturm auf der → *Insel* wurde durch den Ausbau des → *Jade* → *Fahrwassers* für Tankerriesen erforderlich. Das nunmehr neunte → *Leuchtfeuer* seit dem 17. Jahrhundert auf Wangerooge ist seit 1969 in Betrieb. Neben dem sichtbaren Licht des Leuchtfeuers, amtlich schlicht als Wangerooge-Seefeuer bezeichnet, gehören auch die unsichtbaren Wellen von Radaranlagen und Seefunkfeuern zur Schiffahrtssicherung. Der Leuchtturm ist 64 Meter hoch und hat eine → *Feuerhöhe* von 60 Metern.

Wangerooge, Westturm Schon im → *Mittelalter* hatte Wangerooge eine exponierte Stellung in der Schiffahrt. Hanseatische Kaufleute bildeten zum Schutz vor Seeräubern nahe der Insel Konvois, die dann ihre Reise nach Holland, Frankreich und England fortsetz-

Der Westturm auf Wangerooge, 1602 vollendet: 1914 wurde der Turm aus Angst, er könne den Engländern als wichtige Tagesmarke dienen, gesprengt. 1932 bis 1933 ist er neu errichtet worden.

Leuchtturm Wangerooge, alt, 1855 bis 1856 erbaut, 30 Meter hoch, 1927 erhöht auf 39 Meter: 1969 wurde das Feuer gelöscht. Heute ist der Turm ein Museum.

Leuchtturm Wangerooge, neu, 1966 bis 1967 erbaut, 64 Meter hoch, seit 1969 in Betrieb

ten. In Sorge um seine Handelsschiffe trat der Bremer Rat 1596 an den Grafen Johann von Oldenburg mit der Bitte heran, auf der Insel ein hohes → *Seezeichen* zu errichten. Am 13. Oktober 1602 wurde der Westturm vollendet. Ein wahrer Riese am ehemaligen Oststrand des Inseldorfes, fern der Brandung und unangefochten für alle Zeiten, wie es schien. Auf einem genau nach den Himmelsrichtungen ausgerichteten Fundament standen festungsstarke 2,2 Meter dicke, sich nach oben hin verjüngende Mauern. Die Gewölbe des Erdgeschosses dienten, je nach Bedarf, als Lager für Strandgut, als Gefängnis und als Eiskeller. Im ersten Stock wurde die Kirche eingerichtet, darüber die Wohnung eines Wärters, auf der wiederum die Glockenkammer ruhte. Zwei weitere Lagerstockwerke folgten mit dem abschließenden, exakt in Nord-Süd-Richtung stehenden Turmspitzenpaar. Das ursprüngliche → *Leuchtfeuer* in der nördlichen Turmspitze reichte nicht aus, deshalb wurde ein Emdener Zimmermann 1624 beauftragt, zwischen den beiden Turmspitzen eine dritte, noch höhere zu errichten, die einen kleinen Laternenraum mit 48 Glasfenstern trug. Das Leuchtfeuer erwies sich als kümmerlich, und außerdem brannten die Dachtürme ab. Mit dem Bau einer → *Blüse* endete 1630 die Geschichte des Westturms als Leuchtfeuer. Sein endgültiges Schicksal wurde jedoch besiegelt, weil er weiterhin ein markantes Tagessichtzeichen war. Im fünften Kriegsmonat 1914 meldeten Agenten nach Deutschland, daß englische Seestreitkräfte Kurs auf die → *Ostfriesischen Inseln* nehmen würden, woraufhin die deutsche Marine den seit der Silvestersturmflut 1854 einsam im Wasser stehenden Turm aus Furcht, er diene dem Feind als Richtungsweiser, sprengten. Circa 800 Meter weiter südlich wurde, dem Original so weit wie möglich entsprechend, von 1932 bis 1933 ein neuer Turm errichtet. Im Westturm mit seinen drei rekonstruierten und charakteristischen Dachspitzen befindet sich heute eine Jugendherberge.

Warft Künstlich aufgeschütteter Erdhügel an der Nordseeküste, der Gebäude trägt, um sie vor Hochwasser zu schützen, so auch den Leuchtturm → *Westerheversand*, der bei Hochwasser mehrmals im Jahr zur Insel wird. Bei sogenannten Jahrhundertfluten, wie in den Jahren 1962 und 1976, werden die Warften überspült.

Warnemünde Bereits 1283 wird für den Rostocker Vorhafen Warnemünde ein → *Leuchtfeuer* erwähnt. Näheres ist nicht überliefert. Erst Kämmereirechnungen aus der zweiten Hälfte des 14. Jahrhunderts bestätigen wieder eine → *Leuchte* in Warnemünde. Vermutlich war es ein offenes Holzgerüst, woran eine aus Kupfer gefertigte → *Laterne* hing. In einer 1757 gedruckten Rostocker Chronik wird über sie berichtet: „Sie wird noch allhier in dem Arsenal dieser Stadt aufgehoben." Daher ist ihr Aussehen auch durch eine Zeichnung bekannt. Mittlerweile ist die Laterne verlorengegangen. 1487 tritt die Warnemünder Seeleuchte durch die sogenannte „Domfehde" in das Blickfeld. Mecklenburgische Herzöge ziehen die Schwerter gegen die Stadt Rostock und beginnen am 24. Juli 1487 den Kampf um die Eroberung der strategisch bedeutsamen Stadt Warnemünde. Doch erst am 1. August wird der zu jener Zeit gut befestigte Leuchtturm von den herzöglichen Soldaten eingenommen und zerstört. Der Wiederaufbau muß relativ schnell erfolgt sein, denn erneut anstürmende Soldaten ließen 1495 einen Leuchtturm in Warnemünde unbehelligt. Fast einhundert Jahre später zeichnet ein Rostocker Kaufmann die berühmte → *Vicke-Schorler-Rolle* mit einem Leuchtturm in Warnemünde. Aus Sebastian Münsters Cosmographie um 1544 ist eine Abbildung bekannt, die sehr präzise einen Turm wiedergibt, an dessen Außenseite eine Laterne hängt und die vermutlich den Warnemünder Leuchtturm zeigt. Größere Schiffstypen und zunehmender Seeverkehr veranlassen die Stadt Rostock zum Ausbau der Hafeneinfahrt in Warnemünde. Auch das Leuchtfeuer wird 1588 neu errichtet. Für die folgende Zeit ist aus den noch vorhandenen Quellen über das Leuchtfeuer nicht mehr viel zu erfahren. Ein Indiz, daß es in Warnemünde zeitweise keinen Leuchtturm mehr gab oder daß zumindest sein → *Feuer* nicht kontinuierlich brannte, ist in einer Hafenordnung von 1729 zu finden. In ihr wird kein festes Leuchtfeuer erwähnt. Dieser Umstand könnte den Rückschluß erlauben, daß ein Warnemünder Leuchtturm zu dieser Zeit dem florierenden Lotsengeschäft nicht dienlich war. Erst mit einer → *Ziehlaterne* an der Warnow-Mündung erhält die Geschichte der Warnemünder Leuchtfeuer wieder gesicherte Daten.

Warnemünde Molenfeuer Vom großen Leuchtturm → *Warnemünde Seefeuer* sind es nur wenige Schritte bis auf die Westmole. Sie ist das beliebteste Ausflugsziel des Hafenortes an der Küste Mecklenburg-

Vorpommerns. Der weite Blick vom Molenkopf auf das Meer hinaus, auf die ein- und auslaufenden Schiffe und den feinsandigen Badestrand wird immer wieder zu einem eindrucksvollen Erlebnis. Auf dem Molenkopf steht ein grüner Turm mit weißem Band, der im → *Leuchtfeuerverzeichnis* unter Nr. 14310, Int. Nr. C 1405: W-Mole, Kopf, geführt wird. Das 1986 in Betrieb genommene Molenfeuer ist ein fast identischer Nachbau eines kleineren Leuchtturms, der zuvor an gleicher Stelle 22 Jahre lang stand. Die jetzige Position auf dem Molenkopf ist das Ergebnis einer 1998 abgeschlossenen Molensanierung. Die Höhe des Eisenturms beträgt 12 Meter, die → *Feuerhöhe* 14 Meter. Der Rote Turm auf der Ostmole ist ein Neubau und eine Kopie des Westmolenturms, der seit 1998 sein Licht zeigt.

Warnemünde Seefeuer Überwiegend durch den Export von mecklenburgischem Getreide erlebte Rostock zu Beginn des 19. Jahrhunderts einen neuen Aufschwung. Für den Rostocker Vorhafen → *Warnemünde* bedeutete dies die Verbesserung der Kaianlagen und die Verlängerung der Seemole um 100 Meter. Auch ein neues → *Leuchtfeuer* erwies sich als zwingend notwendig. Im Oktober 1836 ist der Bau eines kleinen Leuchtturms mit → *Ziehlaterne* vollendet. Schon nach wenigen Jahren erwies sich das Leuchtfeuer als ungenügend, um dem stetig wachsenden Schiffsverkehr ein sicherer Wegweiser zu sein. Am 18. Juni 1862 wird der Stadt Rostock ein Entwurf vorgelegt, der einen großen Leuchtturmbau mit „prismatischem Laternenhaus“ vorsieht. Es sollten aber noch 32 Jahre vergehen, bis der heute noch betriebene Leuchtturm gebaut wurde. Mittlerweile hatte sich Warnemünde zu einem beliebten Badeort entwickelt, der 1888 mit dem Ausbau der wichtigen Verkehrslinie Berlin–Kopenhagen Eisenbahnanschluß erhielt. Die dadurch notwendig gewordene Erweiterung des Rostocker Vorhafens zum internationalen Fährhafen ließ Warnemünde zu einem bedeutenden Knotenpunkt im europäischen Verkehrsnetz werden. Verständlich, daß nun der Ruf nach einem neuen Leuchtturm nicht mehr zu überhören war. Der Bau des Leuchtturms begann im Juli 1897. Am 17. Oktober 1898 wurde seine Betriebsfähigkeit dem Stadtbauamt in Rostock mitgeteilt. Der Turm ist als Ziegelrohbau errichtet und mit weißen Verblendsteinen abgesetzt. Bis zur ersten → *Galerie* werden die Steine von grünglasierten Ziegeln unterbro-

Leuchtturm Warnemünde, 1897 bis 1898 erbaut, 31 Meter hoch

Tonnenleger „Buk“ vor der Ostmole in Warnemünde (oben rechts). Um zwei gleiche Molentürme zu haben, diente beim Bau des Ostmolenturms der Westmolenturm als Vorbild.

Leuchtturm auf der Westmole in Warnemünde, 1963 erbaut

Der neue Molenturm wird 1963 von einem Schwimmkran auf den Kopf der Westmole gesetzt.

chen. Die beiden Galerien werden von rotem Wesersandstein getragen. Zwei Tage später erfolgte mit dem Dampfer „König Christian" eine nächtliche Inspektionsfahrt. Im Abnahmeprotokoll heißt es: „Bei ost-südöstlichem Winde, Stärke 7–8, und mittlerem, sichtigem Wetter ist das Feuer von Warnemünde in einem Abstand von 16 Seemeilen sichtbar." In der → *Laterne* des 31 Meter hohen Turms mit einer → *Feuerhöhe* von 34 Metern bündelt eine → *Fresnel-Linse* das Licht. Die → *Kennung* erfolgt durch senkrecht angeordnete Prismenstäbe, die sich um die Zentrallinse drehen. Zuerst brannte eine fünfdochtige Petroleumlampe auf dem Turm. Seit dem 3. Januar 1919 glüht an gleicher Stelle elektrisches Licht. Der große Leuchtturm ist 1978 vom → *Seehydrographischen Dienst (SHD)* der DDR automatisiert worden. Von 1982 bis 1991 erfolgte eine gründliche Sanierung. Bis zur oberen Galerie, in 32 Meter Höhe über dem Meeresspiegel, kann der Turm bestiegen werden.

Wartung Alle → *Leuchtfeuer* bzw. Leuchttürme arbeiten heute automatisch und werden fernüberwacht. Die Überwachung und Steuerung der unbemannten Leuchtfeuer werden von der → *Revierzentrale* wahrgenommen. Geht in der Revierzentrale die Meldung einer technischen Störung ein, wird diese unmittelbar dem zuständigen → *Wasser- und Schiffahrtsamt* oder dem dazugehörenden Bauhof mitgeteilt. Auch bei fehlerfreiem Betrieb werden die Leuchtfeuer in regelmäßigen Intervallen gewartet.

Wasser- und Schiffahrtsamt In Deutschland liegt die Zuständigkeit für Notwendigkeit, Technik und Betrieb der Schiffahrtszeichen, gemäß Waserstraßengesetz (§ 34), bei der Wasser- und Schiffahrtsverwaltung des Bundes, die dem Bundesverkehrsministerium unterstellt ist. Die Wasser- und Schiffahrtsdirektionen im gesamten Bundesgebiet sind für größere geographische Bereiche zuständig. So ist zum Beispiel die Wasser- und Schifffahrtsdirektion Nord in Kiel für den Bereich von → *Helgoland* bis zur Odermündung verantwortlich. Die nachgeordneten Wasser- und Schiffahrtsämter regeln den Betrieb und die Unterhaltung der Schiffahrtszeichen. Jedes WSA hat außerdem Außenbereiche, Bauhöfe mit Außenstellen und Betriebsstellen, wie etwa → *Revierzentralen*, in denen die Betriebsdaten von Leuchttürmen aus einem bestimmten Gebiet zusammenlaufen. Zentralfachliche Aufgaben im → *Seezeichenwesen* werden vom → *See-*

zeichenversuchsfeld in Koblenz, die Belange des Seezeichenwesens in der ehemaligen DDR wurden vom → *Seehydrographischen Dienst (SHD)* wahrgenommen.

Wechselfeuer sind Anlagen, mit denen zwei Farben abwechselnd gezeigt werden, z. B. weiß/rot. Sie sind in Deutschland nicht mehr üblich.

Weddewarden Unterfeuer ist der letzte Name eines 1980 ausgedienten und an einen anderen Ort versetzten Leuchtturms, der auch unter dem Namen „Brinkamahof" bekannt ist. Zum ersten Mal zeigte der 26 Meter hohe, von der → *Isselburger Hütte* aus vorgefertigten Eisenringen gebaute Leuchtturm 1912 sein → *Leuchtfeuer*. Er stand an der → *Weser* bei → *Bremerhaven*, nahe der Ortschaft Weddewarden und den Resten der gesprengten Festung Brinkamahof. Wegen seiner Ähnlichkeit mit dem Leuchtturm → *Roter Sand* wurde er im Volksmund „Kleiner Roter Sand" genannt. Ab 1959 hieß der Leuchtturm dann offiziell Weddewarden Unterfeuer. Im Zuge der Hafenerweiterung in Bremerhaven mußte der Leuchtturm weichen. Die Wasser- und Schiffahrts-Behörde wollte den Turm verschenken, vorausgesetzt, die Kosten des Abtransports würden von einem Interessenten übernommen. Zahlreiche Bewerber meldeten sich bei der Behörde. Ein Kapitän aus Bremerhaven erhielt den Zuschlag, und so steht der Leuchtturm seit 1980 an der Nordseemarina im Fischereihafen von Bremerhaven, ohne eine nautische Aufgabe zu erfüllen.

Wendeltreppe Um einen senkrechten Schaft oder ein offenes Treppenloch sich windende Treppe. In älteren Leuchttürmen wand sich die Treppe oft um einen in der Mitte hohlen Schaft, in dem ein Gewicht für das → *Drehwerk* hing. Ein Treppenloch besitzt zum Beispiel → *Marienleuchte, neuer Leuchtturm*.

Weser Der Fluß entsteht bei Hann. Münden aus Werra und Fulda und mündet nach 440 Kilometern bei → *Bremerhaven* in die → *Nordsee*. An der Wesermündung und in der → *Außenweser* stehen zahlreiche → *Leuchtfeuer*, von denen der stillgelegte Leuchtturm → *Roter Sand* ein maritimes Baudenkmal von internationalem Rang ist.

Weser-Befeuerung Auch an der → *Weser* gab und gibt es, wie an der → *Elbe*, → *Richtfeuerlinien*, die bei Nacht das → *Fahrwasser* bezeichnen. Die dreieckigen Gittertürme aus dem Jahre 1897 sind zum Teil durch neue Türme ersetzt worden. Auch hier kann man feststellen, wie verschieden die Leuchttürme sind (→ *Außenweser und Wesermündung*, → *Bremen Überseehafen-Süd*, → *Bremerhaven Oberfeuer*, → *Bremerhaven Unterfeuer*, → *Geestemündung Molenfeuer*, → *Großerpater Oberfeuer*, → *Pingelturm*, → *Weddewarden Unterfeuer*).

Westerheversand Der Leuchtturm Westerheversand an der schleswig-holsteinischen Nordseeküste steht auf der Halbinsel Eiderstedt bei Westerhever und zählt mit seinen charakteristischen Wärterhäusern zu den bekanntesten Bauwerken Deutschlands. Der Turm ist ein beliebtes Motiv in der Werbung und war mehrmals Filmkulisse. Sein exponierter Standort auf einer 5 Meter hohen → *Warft* im Deichvorland machte ihn zu einem Wahrzeichen des Nordens und zu einem Symbol für Weite, Wind und Meer. Der Leuchtturm wurde 1906/07 aus vorgefertigten Guß-Eisenteilen in Serie mit den Leuchttürmen → *Pellworm* und → *Hörnum* errichtet. Für den Bau des Leuchtturms Westerheversand wurden 608 Eisenelemente bei der → *Isselburger Hütte* am Niederrhein gegossen. Jedes Element wog zwischen 180 und 200 Kilogramm. Die schweren Teile gelangten über den Rhein und die → *Nordsee* nach Lenhagen bei Westerhever. Der Weitertransport bis zur 4 Kilometer entfernten Baustelle erfolgte mit 20 Feldloren. Die Bauarbeiter verdienten 55 Pfennig in der Stunde, die Arbeitszeit betrug 10 Stunden am Tag. Nachdem die Warft für den Hochwasserschutz aufgeschüttet und zwei Tage lang mit Pferden festgeritten war, erfolgte die → *Gründung* des Fundaments mit 127 Holzpfählen von 7,75 Meter Länge. Auf die Pfähle wurde eine 1,5 Meter starke Betonplatte geschüttet. Danach errichteten Arbeiter einen 16eckigen Sockel von 4,70 Meter Höhe mit der Eingangstür für den zukünftigen Leuchtturm. Über dem Sockel entstanden aus den vorgefertigten Eisenteilen der Turmschaft und die → *Laterne* der Firma Julius → *Pintsch*. Der Bau von zwei kleinen Häusern anstelle eines großen Hauses für die → *Leuchtfeuerwärter* erfolgte aus Gründen der Gewichtsverteilung. Am 17. Juli 1907 wurde das Bauwerk fertiggestellt. Offiziell wurde der 40 Meter hohe Leuchtturm mit einer → *Feuerhöhe* von 41 Metern 1908 in Betrieb genommen. Von Anfang an zeigte das → *Leuchtfeuer* elektrisches Licht. Am Tag erzeugten stationäre → *Generatoren* Strom und luden Speicherbatterien auf. In der

Leuchtturm Weddewarden Unterfeuer: Die Aufnahme zeigt den 1910 bis 1911 erbauten Leuchtturm noch im Betriebszustand. 1980 wurde der Turm stillgelegt und von einem Privatmann nach Bremerhaven versetzt.

Zwei wichtige Glieder der Weserbefeuerung sind das Bremerhaven Oberfeuer und das Bremerhaven Unterfeuer – hier in einer historischen Aufnahme.

Wartungsarbeiten an der Lichtquellenwechselvorrichtung im Leuchtturm Norderney

Der Leuchtturm Westerheversand wurde 1906 bis 1907 erbaut und ist 40 Meter hoch. Er zählt zu den bekanntesten Bauwerken Deutschlands (siehe Titelbild), doch sein Standort auf der Halbinsel Eiderstedt wie sein Anblick im Winter sind kaum bekannt.

Nacht versorgten die Batterien das Leuchtfeuer mit der nötigen Energie. Nach 1950 erfolgte die Stromversorgung aus dem örtlichen Netz mittels eines Erdkabels. Die erste → *Lichtquelle* war eine → *Lichtbogenlampe*. Sie brannte bis 1974. Von 1907 bis 1977 wurde für die → *Kennung* eine → *Rohrschlitzblende* eingesetzt. In den 60er und 70er Jahren arbeiteten ein Vater und sein Sohn als Leuchtfeuerwärter auf Westerheversand. In dieser Zeit stand noch ein kleines Gerätehaus am Leuchtturm, und auf der Warft gab es Gemüse- und Blumenbeete. Seit der → *Automatisierung* 1979 werden die flankierenden Häuser nicht mehr als Dienstwohnungen genutzt. Heute leben im linken Haus die „Vogelwärter", Mitarbeiter der Schutzstation Wattenmeer, die für die Betreuung des Nationalparkgebiets bei Westerhever verantwortlich sind. Das rechte Haus ist eine Lehrstation der Universität Kiel.

Westermarkelsdorf Gemessen an der Bauwerkhöhe ist der Leuchtturm Westermarkelsdorf an der Markelsdorfer Huk im Nordwesten der Insel → *Fehmarn* kein Riese. Allerdings mindert die Turmhöhe von nur 17 Metern nicht die Bedeutung seines → *Leuchtfeuers*. So ist der Leuchtturm ein wichtiger Wegweiser im Fehmarnbelt. Die flache Landschaft erhielt ihr heutiges Gesicht Mitte des 19. Jahrhunderts. Der Huk wurde eingedeicht. Nach der Flutkatastrophe von 1872 ist der Deich erhöht worden, und hinter dem Deich entstand 1881 der Leuchtturm Westermarkelsdorf mit einem Haus für den → *Leuchtfeuerwärter*. Das Ensemble erinnert an eine kleine Dorfkirche, da der Turm unmittelbar an der schmalen, zur See gerichteten Hausfront steht. Ursprünglich war der Turm nur 12 Meter hoch. Nach einer Aufstockung, die 1902 ausgeführt wurde, mißt er 17 Meter mit einer → *Feuerhöhe* von 16 Metern. Alle Leuchttürme auf der Insel Fehmarn sind automatisiert und werden vom → *Wasser- und Schiffahrtsamt* Lübeck betreut. Die übermittelten Betriebsdaten aus den Leuchttürmen gehen seit 1984 in der → *Revierzentrale* → *Travemünde* ein.

Weule, Wilhelm (1856 bis 1925) Zusammen mit seinem Bruder leitete Wilhelm Weule in Bockenem bei Goslar eine Turmuhrenfabrik. Durch die Herstellung von Antriebswerken, auch für → *Leuchtfeuer*, entstand die erste Beziehung zum → *Seezeichenwesen*. Antriebswerke oder → *Drehwerke* wurden zur Erzeugung einer Rotationsbewegung für die → *Kennung* auf Leuchttürmen gebraucht. Mit dem

Bau von optischen und mechanischen Apparaten zur Schiffssicherung erkannte Wilhelm Weule eine große Chance für sein Unternehmen und wagte sich auf das für ihn noch unbekannte Gebiet der → *Optik*. Im September 1896 konnte die erste geschliffene Linse für Schiffs-Positionslaternen geliefert werden. Mit seiner ersten → *Fresnel-Linse* nach französischer Bauart von einem Meter Durchmesser erlangte der vitale Unternehmer die Aufmerksamkeit des Königlichen Bauinspektors Walter → *Körte*, der das französische Fresnel-Linsen-Monopol mit in Deutschland gefertigten Linsen unterlaufen wollte. Weule gelang es nach vielen Versuchen und mit Körtes wissenschaftlicher Beratung, eine Spitzenstellung in der Herstellung von Fresnel-Linsen einzunehmen. Gemeinsam verbesserten sie die Fresnel-Linse, indem sie die katadioptrischen Profile änderten und dadurch die Ablenkungsfehler verringerten. Weule-Linsen brachen in das ausländische Monopol ein und wurden in alle Welt exportiert. Die Firma Wilhelm Weule schleift heute überwiegend Linsen für die Industrie.

Wien → *Bregenz*, → *Kuriositäten und Rekorde*

Wilhelmshaven → *Jade, Jadebusen*

Wippfeuer Die Schöpftechnik alter Ziehbrunnen war vermutlich Vorbild für die überwiegend an der → *Ostsee* eingesetzten Wippfeuer. Als → *Leuchtfeuer* zog man einen mit Steinkohle gefüllten Eisenkorb über einen langen Balken mit Gegengewicht in die Höhe. Je nach Windstärke und Korbgröße konnte oder mußte in einer Nacht mehrmals „gewippt" werden, um Kohle nachzuschütten. Im dänischen → *Skagen* steht der Nachbau eines Wippfeuers. Die ebenfalls mit offenem Feuer betriebene → *Blüse* hatte an der → *Nordsee* nachweislich mehrere Standorte.

Wittenbergen Der Leuchtturm Wittenbergen bildet zusammen mit dem Tinsdal → *Oberfeuer* eine → *Richtfeuerlinie* elbaufwärts. Wegen Fahrwasserverlegung mußte der Turm im Jahre 1905 um 9 Meter versetzt werden. Man baute neben dem Fundament aus Stein ein gleiches im erforderlichen Abstand und verlegte Stahlträger, um den Turm mit Seilwinden auf das neue Fundament zu ziehen. Um ein Umstürzen des Turmes zu verhindern, wurden Stahlseile vom Turmkopf zu mehreren am Boden stehenden Winden gespannt. Dieser Vorgang stellte damals eine großartige und von der Fachwelt beachtete Leistung dar. Das → *Leuchtfeuer* dient heute noch seinem Zweck, leuchtet aber nur noch weiß in der Richtlinie. Die farbigen → *Sektoren,* 1928 eingerichtet, benötigt man nicht mehr, sie wurden gelöscht. Erbaut: 1899, gezündet: 1. Januar 1900. Höhe über dem Erdboden: 30 Meter, → *Feuerhöhe:* 30,5 Meter.

Wustrow Eine schmale Landbrücke mit dem Namen Fischland verbindet an der Küste Mecklenburg-Vorpommerns den Darß (→ *Darßer Ort*) mit dem Festland. An diesem flachen Küstenabschnitt gab es für Schiffe keine Orientierungshilfen, wie → *Kirchtürme* oder Hügel. Bei Wustrow, einem Flekken, der etwa die Mitte des Fischlands markiert, entstanden 1911 ein → *Leuchtfeuer* und eine → *Nebelschallanlage.* Bereits 1922 versorgte elektrischer Strom die Station. Um die Qualität des Leuchtfeuers zu verbessern, wurde 1933 an dem Maschinenhaus ein kleiner Turm mit einer neuen → *Laterne* errichtet. Die → *Feuerhöhe* betrug 12 Meter. 1987 ist die Nebelschallanlage stillgelegt worden.

Wilhelm Weule (1856 bis 1925)

Die Rekonstruktion eines Wippfeuers im dänischen Skagen: Die Laterne wurde, nach dem Prinzip einer Wippe, nach oben gehebelt.

Leuchtturm Wittenbergen an der Elbe. Der 1899 erbaute und 30 Meter hohe Turm ist das Unterfeuer zu dem Oberfeuer Tinsdal. Das Oberfeuer steht auf dem Elbhang.

Der Leuchtturm Westermarkelsdorf ist gemessen an der Bauwerkshöhe kein Riese. Allerdings mindert die Turmhöhe von 17 Metern nicht die Bedeutung seines Leuchtfeuers. So ist der 1881 gebaute Leuchtturm ein sehr wichtiges Seezeichen am Fehmarnbelt. Er steht im Nordwesten der Insel Fehmarn.

X

Xenon-Hochdrucklampe Auch Xenon-Kurzbogenlampe genannt. Der Glaskolben ist mit dem seltenen Xenon-Edelgas gefüllt, das je nach Lampentyp einen Innendruck von 8 bis 20 Bar erzeugt. Erst nach einer Zündung mit Hochspannungsfunken zwischen den Elektroden wird das Gas leitfähig. Danach entsteht im Gleichstrombetrieb ein extrem heller Lichtbogen zwischen der Wolframkathode und Anode, die im Glaskörper nur wenige Millimeter auseinanderstehen. Xenon-Hochdrucklampen haben eine vielfältige Anwendungspalette, so auch in Kinoprojektoren.

Um es gleich vorwegzunehmen: Diese Aufnahme einer Xenon-Hochdrucklampe steht nicht auf dem Kopf. Blickt man außerhalb der Brennweite durch eine konvexe Linse, dann erscheint die Landschaft dahinter auf dem Kopf und seitenverkehrt. Von den beiden Xenon-Hochdrucklampen ist im Leuchtturm Westerheversand eine in Betrieb, die andere dient als Reservelampe. Xenon-Hochdrucklampen fanden nicht nur in Leuchttürmen Verwendung.

Z

Ziehlaterne Wie eine Flagge, so wird an einem Mast beziehungsweise an einem Gestell eine → *Laterne* gehißt. Vorteil dieser Technik: das → *Leuchtfeuer* kann am Boden gewartet und gezündet werden. Allerdings kann nur eine kleine und leichte Laterne mit geringer → *Tragweite* an dem Mast hängen.

Zuggewicht Ähnlich wie bei einer Stand- oder Wanduhr wurde in Leuchttürmen mit einem freihängenden Gewicht Zugkraft in Drehkraft umgesetzt. Bei einer Uhr geschieht dies für die Zeiger, bei einem Leuchtturm soll die → *Optik* oder eine → *Umlaufblende* für die → *Kennung* rotieren. Das schwere Zuggewicht mußte vom → *Leuchtfeuerwärter* regelmäßig hochgekurbelt werden. Mit einem Übersetzungsgetriebe wurde die Zugkraft des Gewichts übertragen. Heute wird die Rotation der Leuchtturmoptiken mit Elektromotoren erzeugt. In vielen Türmen ist der Schacht für das Zuggewicht noch vorhanden.

Zündflamme ist bei automatisch arbeitenden Gasbrennern erforderlich. In der Nähe der Gasdüse bzw. des Glühstrumpfes brennt ständig eine kleine Zündflamme. Öffnet sich das Gasventil, so wird der Gasglühstrumpf durch die Zündflamme in Betrieb gesetzt. Man findet die Zündflamme bei gasbetriebenen Kennungsgebern, bei → *Leuchtfeuern*, die mit einer Zünd- und Löschuhr betrieben werden und bei → *Lichtquellenwechselvorrichtungen*, die von elektrischem Betrieb auf Gasbetrieb als Reserve umschalten.

Zuggewicht im Leuchtturm Staberhuk: Man erkennt zwei Eisenprofile unter dem Gewicht. Tagsüber wurde das Gewicht „abgefangen", um das Getriebe im ruhenden Zustand zu entlasten.

Gewichtsuhrwerk der Firma Weule – im alten Leuchtturm Travemünde ausgestellt. Ursprünglich arbeitete das Werk in Eckernförde, altes Leuchtfeuer.

Ziehlaterne Warnemünde: Die Laterne war von 1836 bis 1898 in Betrieb.

Danksagung

All jenen Mitarbeitern der Wasser- und Schiffahrtsämter danken wir, die uns aktiv unterstützt haben, sowie den Autoren des „Technischen Leuchtfeuer-Lexikons“ Lothar Schulz, Dr. Werner Berthold und Egbert Koch für die von ihnen verfaßten Informationen. Weiterer Dank gilt Klaus Kern, Rüsselsheim, dem Herausgeber der Zeitschrift „Leuchtfeuer“, Hans-Joachim Luttermann, Rostock, Gregor Ulsamer, Emden, Heinrich Geertsen, Westerhever, Klaus Adam, Stralsund, Horst-Dieter Vogt, Kiel, Paul Fäthke, Bremen und Herrn Lindemann, ehem. WSA-Hamburg.

Quellen

Das Deutsche Seezeichenwesen, Hamburg
Bundesamt für Seeschiffahrt und Hydrographie Hamburg/Rostock
Technisches Leuchtfeuer-Lexikon, Bergheim
Im Dienste der Schiffahrt, Wasser- und Schiffahrtsamt Emden
Leuchttürme an Deutschlands Küsten, Bielefeld
Leuchtfeuer, Rüsselsheim
Deutsche Leuchttürme einst und jetzt, Herford

Text

Reinhard Scheiblich, Hamburg
Hans Helge Staack, Neu Wulmstorf
Georg Quedens, Norddorf/Amrum: 2 Stichworte
Wasser und Schiffahrsamt Emden: 2 Stichworte
Erik Hoops, Bremerhaven: 1 Stichwort

Fotos

Reinhard Scheiblich, Hamburg: 91 Fotos
Hans Helge Staack, Neu Wulmstorf: 48 Fotos
Manfred Schulze-Alex, Hamburg: Seite 55 Mitte links, Seite 87 links, Seite 149 unten
Lothar Schulz, Bergheim: Seite 113 oben rechts
Paul Fäthke, Bremen: Seite 149 oben links u. rechts

Historische Abbildungen

Archiv Reinhard Scheiblich. Archiv Hans Helge Staack. Altonaer Museum in Hamburg/Norddeutsches Landesmuseum. Heimatmuseum Borkum. Isselburger Hütte, Isselburg. Landesamt für Denkmalpflege Schleswig-Holstein, Kiel. Museum für Kunst u. Kulturgeschichte der Hansestadt Lübeck. Schleswig-Holsteinische Landesbibliothek, Kiel. Staatliche Museen zu Berlin. Preußischer Kulturbesitz/Kupferstichkabinett. Deutsches Museum München. Stadtarchiv Büsum. Stadtarchiv Rostock. Stadtarchiv Nürnberg. Stadtarchiv Schwerin. Sylter Archiv Westerland. Wasser- und Schiffahrtsamt Bremen. Wasser- und Schiffahrtsamt Bremerhaven. Wasser- und Schiffahrtsamt Lübeck. Wasser- und Schiffahrtsamt Wilhelmshaven. Wasser-und Schiffahrtsdirektion Nord. Wilhelm Weule GmbH & Co. Goslar. Horst Tekaat, Isselburg.

Reinhard Scheiblich (geb. 30. März 1949) arbeitete zunächst als Werbe- und Industriefotograf, seit 1977 als Wissenschaftsfotograf an der Universität der Bundeswehr in Hamburg. Mittlerweile gilt er auch als Spezialist für historische und maritime Sujets. Sein Bildband „Leuchttürme an Deutschlands Küsten" erreichte mehrere Auflagen. Scheiblich illustrierte für den Ellert u. Richter Verlag zahlreiche Bücher, unter anderem „Schleswig-Holstein, das Land und seine Geschichte" und „Auf Otto von Bismarcks Spuren".

Hans Helge Staack (geb. 26. September 1937) ist ein ausgewiesener Kenner maritimer Technik und der Seezeichengeschichte. Seit 1949 beschäftigt er sich intensiv mit den Leuchttürmen an Deutschlands Küsten und Flüssen. In Artikeln für die Zeitschrift „Leuchtfeuer" und in Vorträgen stellt der Autor sein Wissen unter Beweis, wobei er auf ein umfangreiches privates Archiv zurückgreifen kann.

Informationen
Deutsches Schiffahrtsmuseum
Hans-Scharoun-Platz 1
D-27568 Bremerhaven
Tel: 0471/48207-0
Fax: 0471/48207-55
Email: info@dsm.de
Internet: www.dsm.de
„Leuchtfeuer"-Zeitschrift
Anschrift der Redaktion: Klaus Kern, Pestalozzistraße 28, 65428 Rüsselsheim

Die Deutsche Bibliothek – CIP-Einheitsaufnahme

Leuchttürme Lexikon / Reinhard Scheiblich ; Hans Helge Staack. – 1. Aufl.. – Hamburg : Ellert und Richter, 2002
ISBN 3-8319-0038-8

Gestaltung: Büro Brückner + Partner, Bremen
Satz und Lithographie: KCS GmbH, Buchholz/Hamburg
Druck: Druckerei Ditzen GmbH & Co. KG, Bremerhaven
Bindung: S. R. Büge GmbH, Celle